Estudios Bíblicos, el patrón de enseñanza de nuestro creador para las relaciones humanas.

Parejas

Discípulos en el Reino

Principios Biblicos para Vivir con Relaciones Saludables

Amigos

Familias

Escrito por
Dr. Debbye Graafsma, bcpc

Tradducion: Gina Valenzuela
Muchas gracias, mi amiga y hermana!!

©2016 Debbye Graafsma; Despertando A Crecer, P.O. Box 546, Indian Trail, NC 28079 (EE,UU). Ninguna parte de esta publicación puede ser reproducido, copiado, almacenada o compartida de ninguna manera por cualquier medio sin la previa autorización por escrito del autor/editor. Gracias por su integridad.
Número ISBN - 978-0-9893214-7-1 Principios Biblicos para Vivir con Relaciones Saludables (estudios bíblicos, la enseñanza de Patrón de nuestro Creador para las relaciones humanas)

Una nota al lector:

Con el fin de obtener el mayor beneficio de este manual, por favor, trabajar a través de los materiales, desde el principio hasta el final. Por favor utilice su Biblia, buscando cada referencia de la Escritura, teniendo tiempo para considerar sus respuestas con un corazón que está dispuesto a hacer cambios. Tomar notas cuidadosas, incluso si lo que está aprendiendo crea conflictos con los patrones actuales, personales, culturales, tradicionales y emocionales. Recuerde que, como discípulos de Jesús, estamos llamados a vivir "en el mundo, pero no vivir como el mundo." (Juan 17: 15-17) Por lo tanto, cuando seguimos a Jesucristo, nuestros patrones personales y culturales se convertirán en los de Su Reino: el Reino de Dios. Esos patrones se proporcionan, en parte, en este manual.

Cuando se aplica y se sigue, estos patrones bíblicos va a cambiar su vida - para mejor. Usted va a experimentar relaciones más agradables, en armonía, en cada área de su círculo de influencia.

No se salte las lecciones a medida que trabaja a través de estas páginas. Hay lecciones fundamentales necesarias en la primera parte, que proporcionan principios básicos de relación. Estas lecciones son necesarias en el proceso de construcción de la comprensión de cómo funcionan estos principios en las relaciones matrimoniales. Posteriormente, los principios aprendidos en la segunda parte, se dirigirá a las lagunas personales del lector en la comprensión de los propósitos de nuestro Padre en el tratamiento y el manejo de los patrones de Familia / Nido, en la vida.

Gracias por su deseo de crecer en la gracia y la verdad (Juan 1: 17-18)

Es el deseo de nuestro Padre Celestial para darle su mejor; vertiendo sus planes para la bendición no sólo en usted, sino a través de usted, en el caminar de su luz y misericordia.

Bendiciones!

Principios para la Vida Saludable Relacional
(Estudios Bíblicos, Enseñando el Patrón de Nuestro Creador para las Relaciones Humanas.)

Tabla de Contenido

Parte Uno – Patrones Culturales en el Reino de Dios ---------------- 7
1. La Verdad del Mundo Oculto ------------------------------------- 9
2. La Perspectiva del Rey -- 13
3. De Dónde Realmente la Cultura "Natural" Viene? ------------ 15
4. El Diseño Original del Creador: El Hombre --------------------- 19
5. El Diseño Original del Creador: La Mujer ----------------------- 23
6. La Cultura del Mundo de la Naturaleza Caída ----------------- 29
7. ¿Cuáles son las Reglas Culturales del
   Mundo Natural Caído? --- 33
8. El Problema de los Filtros Personales --------------------------- 39
9. La Cultura del Reino de Dios:
   Parte 1 - La Naturaleza de Dios Padre ------------------------ 49
10. La Cultura del Reino de Dios:
    Parte 2 - La Naturaleza del Hijo -------------------------------- 61
11. La Cultura del Reino de Dios:
    Parte 3 - La Naturaleza del Espíritu --------------------------- 66
12. Viviendo la Vida del Reino de Dios en una Cultura
    Pecaminoso --- 74

**Parte Dos – El Modelo de Dios para Todas las
Relaciones Humanas** -- 81
1. La Relación más Importante de Todos ---------------------- 83
2. ¿Cuál es la naturaleza de mi Padre Celestial? -------------- 87
3. ¿Cómo Nuestro Creador, Nuestro Padre Celestial me Ve? ---- 89
4. Una Parte Afecta a Todas las Partes ----------------------- 91
5. Desarrollo Emocional y Madurez Espiritual ----------------- 93
6. El Aprendizaje en Honor a los Niveles de Relaciones ----------- 97
7. Crece a Través de Resolución de Conflictos -------------------- 101
8. El Don de la Personalidad -- 105

Parte Tres – Patron de Dios para Matrimonio Relaciones Humanas --- 117

1. Constructores Sabios Comienza con una Base Sólida ---------------- 119
2. Un Cable de Tries Dobleces -- 121
3. Lo que un Matrimonio Significa en los Oyos de Dios ---------------- 123
4. La Pregunta de Sumisión -- 126
5. Ajuste de los Pilares en Lugar -------------------------------------- 133
6. El Proceso de Convertirse --- 138
7. El Mejor Techo de Todos -- 141
8. La Construcción de las Paredes Seguras -------------------------- 143
9. Aprender a Resolver Conflictos ------------------------------------- 147
10. Evaluación de Bonificacion: Valor Personal en el Matrimonio ---- 152

Parte Cuarto – Patron de Dios para las Relaciones Familiares Humanos --- 159

1. ¿Cómo Dios Ve a los Niños --- 161

2. ¿Cómo Dios Ve a los Niños en un Entorno Familiar -------------- 165

3. ¿Cómo los Niños Aprenden y se Comunican --------------------- 169

4 ¿Cómo se Imprimen los Niños, Aprender de Conexión y el Aumento de la Inteligencia Emocional-------------------------------------176

5. Cómo Administrar Correctamente la Disciplina Física --------- 181

Parte Cinco - Bonus Materiales --- 185

Parte Uno

Patrones Culturales en el Reino de Dios

Los Patrones Culturales en el Reino de Dios - Estudio Uno
La Verdad del Mundo Oculto

1. Supongamos que se está preparando para hacer un viaje. Antes de partir, usted sin duda esta tratando de encontrar a alguien que ha estado en donde usted esta planeando ir. Es probable que usted le haga preguntas acerca de su destino. "¿Cómo es la gente que vive allí?" "¿Cuál es el idioma allí?" "¿Qué debo poner en mi maleta?" "¿Es la comida buena?" "¿Cuál es la cultura? "¿Qué necesito hacer para conseguir amigos allí? "

Ahora, dependiendo de la cantidad de diferencia entre su propio país y en el que se va a visitar, usted querrá tomar una o dos clases. Y Por supuesto que trataría de encontrar un libro para responder a sus preguntas. Y, al llegar, si tuviera el dinero, es posible que contrataría un guía para ayudarle a descubrir la historia, la belleza y los secretos del nuevo lugar.

Las Escrituras nos enseñan el reino eterno de Dios es uno de esos lugares. De hecho, Jesús dijo: "El Reino de Dios está cerca (es decir, es aquí, ahora.) ¿Qué dice Jesús en Marcos 1:15?

_____

¿Qué respuestas dice Jesús que es una evidencia de la presencia del Reino?

_____

2. Lea los siguientes pasajes para obtener una comprensión de lo que el Reino de Dios realmente es. Anote cada observación en la línea al lado de cada referencia de la Escritura.

No es físico. Romanos 14:17 _____

No es como nuestro mundo. Juan 18:36 _____

Nos relacionamos con él con nuestra persona interior. Lucas 17: 20-21 _____

Esa conciencia interior crece a partir de una pequeña semilla. Marcos 4: 30-32 _____

3. Puesto que el Reino de Dios no es de este mundo; no es una entidad física, es vital que aprendemos cómo debemos relacionarnos con el. En todos los reinos, hay leyes en materia de entrada en ese reino. Por ejemplo, se necesita un pasaporte, un visado, etc. ¿Qué nos enseñan las siguientes Escrituras acerca del Reino de Dios? Tomar notas a medida que estudie.

a. Es un reino espiritual, y debe ser ingresado espiritualmente.

Juan 3: 3-7 _____

b. Para calificar para la admisión requiere simplicidad honesta.

Mateo 19: 13-14 _____

c. No podemos entrar en base a nuestras prácticas religiosas o la piedad personal.

Mateo 5:20 _____

d. El orgullo personal evitará relación con el Rey.

Santiago 4: 6-7 _____

e. Los que entran deben estar dispuestos a ocupar el lugar más bajo.

Marcos 9: 35-37 _____

f. Este Reino debe convertirse en la primera prioridad si quiere tener éxito en la vida.

Mateo 6: 31-33 _____

4. Jesucristo es el Rey de todos los reyes y Señor de todos los Señores.   I Timoteo 6:15
   Revelación 16:19

_____

Su Reino no tendrá fin, y aumentará para siempre.   Lucas 1:33
Isaías 9: 7

_____

5. Cuando nacemos de nuevo, nos convertimos miembros de su Reino.   I Pedro 2: 9-10

_____

6. Es importante que aprendamos a vivir nuestras vidas   II Timoteo 4: 1 (sería una traición
de acuerdo con los principios de su reino.   contra el rey.)
(Para no hacerlo en ningún otro reino,

_____

7. Cuando nos comprometemos a vivir nuestras vidas de
esta manera, Él ha prometido que trabajará en todas las
cosas para nuestro bien.   Romanos 8: 28-39

_____

8. Hemos descubierto que el Reino de Dios no es físico, sino espiritual. Jesús enseñó que cuando nacemos de nuevo, el Reino de Dios está dentro de nosotros. Pablo describe los elementos del Reino que sirven como indicadores en nuestras vidas. Estos nos ayudarán a saber lo que se ve y se siente. Escribe aquí Romanos 14:17.

_____

_____

La Justicia = saber que estamos en una relación correcta con Dios, sólo a causa de sus acciones, y no de la nuestra. (No podemos ganar la justificación trabajando duro para complacer a Dios.)

II Cor. 5: 20-21 _____ Efesios 2: 8-9 _____

Paz y gozo. Estos son elementos espirituales, sí. Pero también deben ser experimentadas como emociones. Por lo tanto, el Reino de Dios dentro de nosotros implicará nuestra mente y las emociones, así como nuestro espíritu. Jesús, nuestro Rey, nos quiere dar a estas emociones positivas en el lugar de entumecimiento o emociones negativas en nuestras vidas. ¿Qué nos enseñan las Escrituras acerca de eso?

Isaías 61: 1-3 y 7 _____

Lucas 4: 18-21 _____

El Ascenso de Recuperar el Corazon
Los Doce Pasos de la Escalera

La Salud y el Crecimiento Emocional y Espiritual ocurren en etapas.
Al escoger los caminos de Dios, aprendemos
a abrir nuestros corazones y vidas a su tacto.

12. Resurrección de vida en todos los ámbitos de la vida

11. Tomando la iniciativa a seguir, y aprender invertir fe en los demás.

10. En lo personal convertirse en un lugar seguro.

9. intencionalmente perseguir / permitiendo la intimidad emocional; responsabilidad.

8. Hacer vínculos sanos - pasando a formar parte de una comunidad

7. La Elección de creer y aplicar la verdad

6. La purga lo que me está matando

5. Separar / rechazar lo que me está matando

4. Tomar conciencia de (sentimiento) de mi realidad

3. La evaluación de mi verdadera condición del alma; La elección de Señorío / discipulado

2. Aceptación de amor de Dios / buscar a Dios

1. Creer que Dios nos busca.

© dcg./atg

Los Patrones Culturales en el Reino de Dios - Estudio Dos
La Perspectiva del Rey

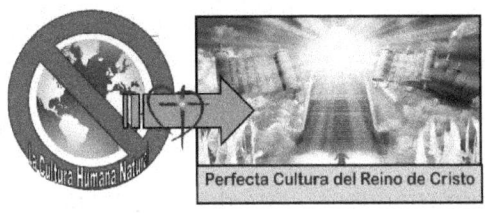

1. Nuestro Dios no ve las cosas desde la misma perspectiva que vemos las cosas. Su punto de vista es siempre mayor y más alto que el nuestro. ¿Qué tienen estas Escrituras que nos enseñan acerca de su punto de vista?

Hebreos 4:13 _____

Isaías 55: 8 _____

2. Una de las cosas maravillosas acerca de ser un miembro del reino de nuestro Padre Celestial, es que debido a su Reino que está dentro de nosotros, somos capacitados por el Espíritu Santo para ver las cosas como Dios lo hace. ¿Qué tienen estas Escrituras que nos enseñan acerca de aprender a ver su punto de vista?

Colosenses 3: 1-2 _____

II Corintios 4: 16-18 _____

Efesios 3:18 _____

3. ¿Podemos ser espiritualmente maduros sin ver las cosas desde la perspectiva de Dios? ¿Qué nos enseñan estos versículos?

I Corintios 3: 1-2 _____

I Corintios 13:11 _____

I Corintios 14:20 _____

Santiago 4: 13-17 _____

Colosenses 3: 1-4 _____

4. Jesús enseñó que no funciona cuando una persona trata de mezclar reinos. ¿Qué dice en Mateo 6: 22-24?

_____

En Lucas 6:13 _____

5. Este principio es muy importante cuando se trata de vivir la vida terrenal de un discípulo. Jesús nos mostró cómo responder a la tentación de mezclar reinos en nuestras vidas. Por favor leer la historia en Mateo 4: 1-11. ¿Cómo responde Jesús a la tentación?

_____

_____

6. Los verdaderos discípulos de Jesucristo son intencionales y persiguen el crecimiento, aceptando los cambios.

Mateo 11:29 _____

Efesios 4: 20-22 _____

II Corintios 3: 17-18 _____

7. Mateo 6:33 nos enseña que poner el Reino de Dios en primer lugar en nuestra lista de prioridades se abrirá la puerta para que nuestro Padre Celestial provea para nuestras necesidades, lo que sucederá cuando fijamos nuestra atención más en las "reglas" culturales de nuestro entorno natural. Muchas veces, pueden ser engañados en la creencia de que no hacer una elección, haciendo caso omiso de la prioridad del Reino de Dios, nos ayudará a "salir del paso". Cuando una persona responde de esta manera, en realidad está haciendo una decisión de resistir y rechazar el Reino.

¿Qué dicen las siguientes Escrituras que va a pasar cuando optamos por no vivir de acuerdo a "reglas naturales"?

I de Juan 2:15-17 _____

Salmo 91 _____

Salmo 34: 6-8 _____

I de Juan 4: 2-6 _____

Los Patrones Culturales en el Reino de Dios - Estudio Tres
¿De Dónde Realmente la Cultura "Natural" Viene?

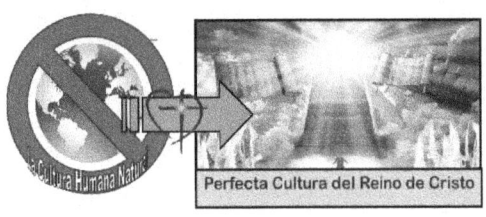

1. En Génesis, capítulos 1-3, se nos da la cuenta del principio del mundo. En seis días, Dios crea los cielos y la tierra. Esto incluye no sólo el hábitat, sino también a los habitantes, tanto de lo visible y los reinos invisibles. En el ámbito limitado, físico, Dios, uno y trino Entidad (o Trinidad) planta un jardín. En el jardín, los tres-embargo-Un lugar de coronación de su creación, da una forma humana de su propia imagen, en el jardín. Dios, el Tres-embargo-Uno llama al humano "Adán", que significa "tierra roja". ¿Qué Génesis, capítulo 1, nos enseña acerca de Dios?

_____

2. Tenga en cuenta: en el capítulo 1, el humano llamado "Adam", era a la vez macho y hembra en el mismo cuerpo. Dios tomó nota de que el ser humano se ha creado en su imagen, lo que significa que Dios, el Sin embargo, tres-uno, no es necesariamente solo para hombres o solo para mujeres. Ambos eran coexistente en un solo ser. ¿Qué Génesis 1:31 dice que Dios sentía era la calidad de todo lo que el había hecho?

_____

3. En el Génesis, capítulo 2: 4-24, la descripción del capítulo 1 se expande y se explican. En los versículos 4-9, se nos dice que Dios pone "Adam" en el jardín llamado Edén para cultivarlo, y para trabajar el suelo. También dice que otros dos árboles especiales se colocaron en el jardín. Por favor, escriba sus nombres específicos aquí.

1. _____ 2. _____

4. Por favor escriba Génesis 1:31 en estas líneas, y considere su significado. Recuerde, que esta declaración fue escrita después de que el ser humano, "Adán", se había formado del polvo de la tierra, y Dios había exhalado vida en esa forma, la creación de un ser viviente.

_____

_____

5. Tenga en cuenta que Adán se le dio instrucciones específicas para vivir dentro del jardín en Génesis 2: 15-17. Adán se le dijo a cultivar y mantener el jardín; Se le pidió que pensara en nombres para cada uno de los animales y especificara sus especies. Además, se le proporcionó una advertencia; "No comer del fruto del árbol del conocimiento del bien y del mal, porque si lo haces, te matará." Ahora bien, es importante entender que Dios no estaba hablando de una muerte física.

En Juan 4:24, Jesús dice a una mujer samaritana que Dios es Espíritu (no un espíritu, pero es Espíritu - Su esencia es espiritual y no visible). Como creyentes, nos damos cuenta de que debemos nacer del Espíritu con el fin de recibir la vida eterna. Así pues, el Dios de la muerte estaba advirtiendo sobre Adam era una muerte espiritual. ¿Qué debe haber sido vivir en el Edén con Dios, el ver el rostro de Dios cada día? No hubo malas hierbas en el jardín, no había muerte. ¿Qué le parece como podría haber sido?

_____

_____

6. Es importante aquí para darse cuenta de que en los tiempos bíblicos, un día en realidad comenzaba en el ocaso de la noche anterior, Por lo tanto, el texto dice: "Así fue la tarde y la mañana el día sexto." Vamos a mirar el versículo 1:31. Dios observa al comienzo del sexto día, que todo lo que ha hecho es bueno.

Sin embargo notar algo. En Génesis 2:18, Dios hace una interesante reflexión. Dice que algo en su creación no es bueno. (Recuerde que Dios no cambia - véase Malaquías 3: 6 y Hebreos 13: 8). Eso no significa que Dios de repente haya "descubierto" algo, o cambiado de opinión acerca de lo que había hecho. ... ¿Entonces qué pasó?

_____

7. Dios dice: "No es bueno que el hombre esté solo". Pero Adam no estaba solo. El Tres-Todavía-Uno (Trinidad) que experimentan la comunión perfecta continuamente para la compañía. (Padre, Hijo y Espíritu Santo.) "Adam" tenía comunión con el Espíritu Santo dentro de su propio ser así. Podía caminar y hablar con Dios. Y, sin embargo, se sentía solo. (Ver Génesis 2:18).

Con el fin de Adán de experimentar la soledad, él habría tenido que voltear su rostro de Dios. Sabemos por Santiago 1:17, que Dios no apartar su mirada de su creación.
¿Qué Santiago 1:17 nos enseña?

_____

8. Al considerar lo anterior, es importante entender que Adán habría tenido que haber llegado a la conclusión de que algo faltaba en su entorno perfecto; su vida perfecta. Él tendría que convertirse descontento. Esto significaría que Adam apartó la mirada de Dios y miró hacia adentro. Se considera que su condición e hizo una comparación. En esta comparación, se encontró con algo menos que perfecto.

Esto explicaría por qué Dios declaró que se había convertido en algo "no bueno" en el ambiente perfecto del Edén.

No se nos dice por qué Adán apartó la vista de Dios; Por eso, al parecer, se sintió solo. No se nos dice si él fue tentado de la misma manera que Eva fue tentada, o si simplemente se dio la vuelta y miró hacia adentro. Sin embargo, debe haber sucedido en algún momento durante ese sexto día.

Incluso entonces, antes de que el pecado original de la desobediencia, el enemigo estaba en el trabajo a cuestionar la perfección del Reino de Cristo. Usó argumentos convincentes y acusaciones de sembrar semillas de duda y inconformidad. (Esto lo vemos en los métodos de la serpiente en Génesis 3: 1-5)

Que la erosión se originó con las primeras semillas de auto-exaltación, de cuestionar la perfección del Creador - centrándose en el mismo en lugar de Dios. (Y, mientras que luchaba con este tipo de pensamientos no era la desobediencia a Dios, que sin duda hace que nuestra mirada a Dios se llene de sombras.)

Esto también explicaría por qué, incluso después de que elegimos en convertirnos en discípulos de Cristo, luchamos por lo que en gran medida en colocar su carácter y Cultura del Reino por encima de nuestro propio egoísmo y orgullo. Por favor, lee y comenta:

II Corintios 10: 3-5 _____

_____

II Tesalonicenses 3:3 _____

_____

Colosenses 2: 8-10 _____

_____

La comprensión de este principio nos ayudaría a entender por qué Jesús se refiere como "el último Adán" en I Corintios 15:42-50)

La elección para el pecado nunca se lleva de una sola vez. Por lo general es un proceso de erosión, y comienza como un deslizamiento de tierra en una parte oculta del paisaje, con el tiempo superando todo a su paso. En muchos sentidos, la erosión "deslizamiento" en la desobediencia comienza con atrayendo al enemigo y el dibujo de la tentación de antemano, ¿verdad? Por favor, lea los siguientes versos y tome nota de sus observaciones aquí.

Santiago 1: 14-15 _____

_____

(Tenga en cuenta: En Santiago 1: 14-15, la palabra griega para "distanciarse" es "exelko" - lo que significa que con el fin de ser engañado en el pecado, una persona debe dejar la seguridad de "romper el abrazo." Él no ambiente perfecto; para separarse de su estrecha relación con Cristo.

En los mismos versos, la palabra griega para la palabra "tentado" es "deleazo" - lo que significa Esto significa que cuando una persona elige al pecado, están abrazando algo o alguien que no sea Cristo) "para ser engañado o seducido".

Lo que podría haber ocurrido si se hubiera mantenido sus ojos en Dios? Por favor, lea Génesis 2 y tomar notas de sus observaciones aquí.

_____

_____

Considere lo siguiente: ¿Hay áreas en su propia vida, donde el enemigo nos "seduce" para alejarnos de nuestra relación con Jesús, ofreciéndole algo que promete ser un "atajo" a la felicidad y el éxito? ¿Qué métodos utiliza Satanás en estos tiempos modernos para hacer que las personas rompan el lazo con Cristo?

_____

_____

_____

Los Patrones Culturales en el Reino de Dios - Estudio Cuatro
El Diseño original del Creador: El Hombre

De nuestro lado de las cosas, no habiendo experimentado lo que era vivir en un ambiente perfecto como el Jardín del Edén, es fácil entender por qué Adán podría haberse sentido solo. Para nosotros, es difícil de entender el tipo de ambiente que Adán estaba estampando en su configuración original. Es un reto, en nuestros días, de imaginar un universo sin guerra, odio, prejuicios, ira, orgullo, pobreza o hambre. En el Edén, antes del pecado de Adán, no había conflicto, queja, o incluso la resistencia. Y, hasta que Adán volvió la cara a vislumbrar en su propia condición, no había ningún sentimiento de tristeza, dolor, rechazo, o incluso una conciencia de algo que faltara.

¿Como debió haber sido caminar y hablar con Dios en el aire del día? O bien, comer frutas y verduras sin tener que preocuparse acerca de los parásitos? Imagínese experimentar ser completamente amado y aceptado por completo sin ningún indicio de desaprobación. O bien, la capacidad de ser completamente vulnerable y honesto con otra persona, sin el temor a represalias o malentendidos?

Sí, la creación original de Dios Padre debe haber sido un lugar maravilloso en verdad!

> 1. Es imposible considerar la cuenta que acabamos de estudiar, sin tener la consideración de la intención de nuestro Dios por la forma humana creada a imagen de Dios.

> Si Adán (como un solo ser, que contiene tanto hombres como mujeres) o,

> Adán (hombre y mujer, cada uno en una forma humana por separado);

Adan: una obra maestra (Salmo 139) de las manos del diseñador principal, se creó con dones inculcados y un propósito. Ese propósito era conocer a Dios, y vivir en el Jardín del Edén, el cultivo y mantenimiento de la misma. Esto tendría la siembra y la cosecha involucrados, la crianza y el riego, etc. (Esta descripción de su función también sirve para recordarnos que nuestro Dios es un cultivador que nutre y también.)

Por favor, lea Génesis 2: 15-17. ¿Cómo debió haber sido para el hombre y la mujer, vivir sin pena del uno hacia el otro en la presencia de Dios?

_____

_____

_____

2. Dios crea un marco humano que contiene tanto hombres como mujeres, a su imagen, y le da a la creación el nombre de Adán. Por favor, lea Génesis 5: 1-2 y escribe lo que descubre en la línea de abajo.

_____

3. La palabra "formado", sugiere el cuidado trabajo de un alfarero haciendo una exquisita pieza de arte. En este recipiente, Dios sopló el aliento de vida. Estas palabras describen una intimidad entre Dios y Adán, no compartida por los animales. Por favor, lea Génesis 2: 7, y escribe lo que descubra.

_____

4. ¿Qué indican las siguientes Escrituras acerca de la visión de la forma humana de Dios que el había creado? Por favor notas hechas aquí:

    a. Salmo 8: 5 (un poco menor que los ángeles, coronado de gloria y honor) _____

_____

    b. Génesis 1:25 y Salmo 8: 5 (Reinar, someter, bajo sus pies - en el sentido redimido; no en el sentido jerárquico o intimidando. Esto sugiere reino sobre la naturaleza, pero no sobre semejantes)

_____

    c. Génesis 2:15 [mantener y guardarse. Es interesante notar que esta misma frase fue utilizada por Moisés para describir el trabajo de los que se ocupó del Tabernáculo en el desierto. También se usa como un término para describir un acto de adoración. Por lo tanto, Adán no fue creado para ser servido, o para trabajar en el trabajo tedioso (de construir templos), pero para unirse a Dios en preservar y propagar el paraíso del Creador.]

_____

_____

d. Génesis 2:17 (Adán fue advertido acerca del árbol de la ciencia del bien y del mal. La palabra hebrea para "conocimiento" lleva consigo la idea de saber por experiencia. Esto significa que el consumo de la fruta proporciona no sólo el sabor de la física fruta, sino también el conocimiento experimental de lo contrario de lo que viene de la mano de Dios.)

_____

5. Dios ve a la creación humana a diferencia de los animales. existencia de Adán fue diseñado para existir sólo en el contexto de Dios, en la alegría y la gloria. Dios ES, (Él es el YO SOY - Éxodo 3:14) y este hecho da al hombre y la mujer eran. El mundo fue creado como un lugar para la creación humana de vivir como seres espirituales.

Hebreos 11: 8 _____

Hechos 17:28 _____

Romanos 8: 19-22 _____

6. Adán fue creado a la imagen o semejanza de Dios. Esto significaría que su personalidad y visión del mundo serían como su Creador de. Sus emociones y patrones de pensamiento serían como su Creador de. La naturaleza de Dios es descrito en las Escrituras en muchos lugares. A continuación, se proporcionan unos tales versos. Por favor, mire hacia arriba y apunte el Dios descrito.

Deuteronomio 7: 9 _____

Sofonías 3:17 _____

Gálatas 5: 22-24 _____

Salmo 103 _____

Juan 1: 1-5 _____

Gálatas 5: 1 _____

7. Adán tenía un sentido completo de la confianza en su creador. El miedo no se había introducido en el planeta. Por lo tanto, la atmósfera del ambiente del planeta también refleja la imagen y la personalidad de Dios. Cuando nacemos de nuevo, podemos comprender, en cierta medida limitada lo que es vivir en ese ambiente que podría haber sido. Como creyentes, estamos llamados a vivir nuestras vidas a la luz de ese entorno en la tierra ahora. Considere los siguientes pasajes de las Escrituras.

Efesios 1: 1-23 _____

Efesios 4: 1-6 _____

8. La confianza y la conexión con Dios y con los demás, no habría sido difícil de hacer. De hecho, en la creación de los seres humanos, Dios creó el concepto de relación. Y, Él no sólo creó el concepto, pero Dios entonces sirvió como el ejemplo perfecto de cómo esa relación debería funcionar.

II Corintios 13: 11-14 _____

(Grace, el amor y la comunión)

Génesis 1:28 _____

(Dios les confió el cuidado del planeta, sino que confiaban en él con su vida)

9. Para Adan, observando la relación y conexión entre el Padre, el Hijo y el Espíritu Santo dio el ejemplo de las relaciones divinas. Adam fue impreso a continuación, con una comprensión de cómo conectar a un nivel profundo, no sólo con Dios, sino con otras personas. Como tal, la relación de Dios con Adán no era de miedo, sobre la base de la autoridad posicional. Más bien, era una confianza mutua amistad y empatía, que nos muestra un patrón para la relación del creyente con Dios después de la salvación.

II Timoteo 1: 7 _____

Filipenses 2: 1-14 _____

Mateo 20: 20-25 _____

Juan 15: 14-16 _____

10. El hombre fue creado primero, y como tal se conoce como la "cabeza". Esto no es un término de autoridad o regla. Más bien, se indica el orden de la Creación. El hombre fue creado primero. Esto significa que Adán fue creado para ser el iniciador en las relaciones humanas.

¿Qué nos enseña que Timoteo 2:13 acerca de la orden de la creación? _____

Los Patrones Culturales en el Reino de Dios - Estudio Cinco
Diseño original del Creador: La Mujer

Si tenemos en cuenta la relación Dios y Adán, masculino y femenino, tuvieron el privilegio de experimentar cada día en el Jardín del Edén, estamos seguros de tener un sentido de anhelo de comprender su profundidad y potencia. Y dada la condición del mundo, después se tomó la decisión de desobedecer, es ciertamente difícil de alcanzar el tipo de libertad que existía en esos momentos. Y, después de haber discutido el diseño original del Creador para el hombre, ahora vamos a abordar el diseño original del Creador para la mujer.

1. Es imposible considerar la cuenta que acabamos de estudiar, sin tener la consideración de la intención de nuestro Dios por la forma humana creada a imagen de Dios. Y, ya sea como Adan (como un solo ser, que contiene tanto hombres como mujeres), o Adan: macho y hembra, cada uno en una forma humana separada, esta obra maestra de las manos del diseñador principal tenía un propósito. Ese propósito era conocer a Dios, y vivir en el Jardín del Edén, el cultivo y mantenimiento del mismo. Esto tendría la siembra y la cosecha involucrados, cuidado y riego, etc. (Esta descripción de su función también sirve para recordarnos que nuestro Dios es un cultivador que nutre y también.) Lea Génesis 2: 15-17. ¿Cómo habrá sido vivir en el jardín del Edén para el hombre y la mujer, viviendo sin pena o decoro el uno hacia el otro y en la presencia de Dios?

_____

_____

_____

2. Después de hacer la observación de que "no es bueno" para "el hombre que esté solo" en Génesis 2:18, Dios atrae a la hembra de la forma humana llamado Adan, quien había creado. De lo que Adan dice en respuesta a la creación de Dios, es razonable creer que partes internas y órganos glandulares (como mamas), fueron retirados de Adan para la configuración de la mujer de Dios.

Por favor, considere esto: Leer las palabras de Adán en la aceptación de la forma femenina de la creación en Génesis 2:23. ¿Qué indican estas palabras acerca de cómo la mujer fue construida, y que fue utilizado para poner su conjunto?

_____

_____

_____

3. La formación de nuestro Creador de la mujer, fue un momento definitivo para la identidad humana. También proporciona una comprensión de la relación entre Dios, el hombre y la mujer. El orden Creado nos proporciona el modelo para las relaciones hombre / mujer en el Reino de Cristo. Por lo tanto, vamos a echar un vistazo al concepto de nuestro Padre Celestial en el principio.

a. Cuando entramos en la Cultura del Reino de Cristo, como sus discípulos, estamos comenzando un Viaje de regreso al orden original de lo Creado. ¿Qué no enseña Gálatas 3: 27-29 acerca de cómo Dios ve a las cuestiones de género, raza y condición política?

_____

_____

¿Sería esta Escritura indicador de que Dios coloca el mismo valor en la vida de las mujeres, como lo hace en la vida de los hombres?

_____

_____

b. Históricamente, la mujer ha sido considerada como, el mejor de los miembros de segunda clase de la raza humana. Ellas no han sido autorizadas a votar o ejercer otros derechos que tienen los hombres y las mujeres se han, en algunos casos, considerado como prácticamente propiedad de sus maridos. Este trato a la mujer esta en contradicción directa con el diseño original de Dios en Génesis 1: 26-27, donde Dios indica que los hombres y las mujeres son a la misma vez creados a imagen de Dios. Dios hace la declaración, "Que tenga dominio ...." Esto continúa siendo la visión de Dios que tanto hombres como mujeres han sido creados a la imagen y semejanza de Dios.

Leer Génesis 1:26-27 y tomar nota de lo que se observa aquí. _____

_____

Leer Génesis 5:1-2 y tomar nota de lo que se observa aquí. _____

_____

c. En Génesis 2:18, la palabra hebrea "ezer", se utiliza como parte de una palabra compuesta, para crear la palabra traducida como "ayuda o ayudante." Esta palabra se usa para describir a Dios en los siguientes versículos. Por favor, lea cada una, y tomar nota de lo que el contexto de esa palabra (ayuda, ayudante) indica el valor de Dios en cada verso.

Éxodo 18: 4 _____

Deuteronomio 33:29 _____

Salmo 33:20 _____

Salmo 115: 9-11 _____

Esta comprensión del significado de la palabra "ezer" indica que alguien que es de "ayuda", no se ha de considerar como "menos".

d. Ahora, la segunda palabra hebrea usada en la palabra compuesta (Génesis 2:18) es "neged", que ha sido traducida como "para él." Pero, en el idioma original del hebreo, las dos palabras juntas se les dio para proporcionar una imagen, o una explicación, de lo que Dios previó en su diseño original cuando se creó la mujer.

La palabra hebrea "ezer-neged" (o más específicamente, "ezer-kenegdo"), en Génesis 2:18, significa "imagen especular contraparte, socio, similar a, o la terminación." En su forma solitaria, la palabra "neged" significa: "justo en frente de," "contraria o diferente punto de vista" Esto indicaría que la mujer fue sacada del hombre, no sólo para la compañía, sino también para proporcionar una perspectiva adicional; tal vez incluso opuesta perspectiva.

La idea comparativa en la lengua griega es la referencia de Jesús al Espíritu Santo como el ayudante. ¿Qué nos enseña Juan 14:26 acerca de este aspecto de la ayuda. En la cultura del Reino de Cristo, ¿cómo el Espíritu Santo nos ayuda cada día? ¿Cuál es su personalidad?

___

¿Cómo puede ser esto un ejemplo de cómo una mujer está diseñada para ser un ayudante?

___

___

4. Así pues, la idea de un "ayudante o ayuda" no era una idea de tener una posición más baja, o una menor posición, o de esclavo, o. Más bien, la idea de la mujer como una sub-ordenada ni siquiera está presente en la cuenta. Por el contrario, la palabra sugiere que el ayudante debe ser considerada como una "mano derecha, un compañero de trabajo, y un facilitador; un socio o compañero de equipo. "Tampoco es la idea actual de que solamente va a ser un ayudante para el hombre. En los ojos de Dios, el hombre y la mujer son a la vez creados a su imagen, ambos son de igual importancia, y ambos están dotados y llamados, con todo eso con diferentes fortalezas y habilidades físicas.

Ver I Pedro 3: 7, y tomar nota de lo que aquí nos enseña en cuanto a la identidad creada de la mujer, en relación con el hombre, desde el punto de vista de Dios.

___

___

5. La comprensión que Jesucristo nos proporciona, en su trato hacia los mismos, también vale la pena mencionar aquí. A pesar de que un hombre judío nunca hablaría o incluso reconocería un samaritano, y mucho menos una mujer samaritana.

Jesúscristo hizo conversación con la mujer Samaritana porque le interesaba su condición espiritual.

Ver Juan 4 ___

En sus viajes en la tierra, Cristo reconoció la dignidad dada por Dios a las mujeres tratándolas no sólo como mujeres, sino como creaciones humanas iguales en importancia a sus contrapartes. Considere éstos:

Marta y María (Lucas 6) _____

Mujer sanada de una hemorragia (Lucas 3: 43-48) _____

_____

Donación de la Viuda (Lucas 21: 1-4)_____

María Magdalena (Juan 20: 1-18) _____

6. Es interesante señalar aquí, que no sólo considera Dios a la mujer ser hecha a su imagen, pero Dios a veces se habla en términos femeninos o imágenes. Dios es descrito como la Madre de Israel en Deuteronomio 32:18. (Moisés utiliza términos para enfatizar los dolores del parto, por lo que es imposible perderse el significado de las frases de uso.)

_____

Jesús también describió a Dios en términos femeninos. En Lucas 15, Él le dice a una serie de parábolas, que representa la actitud de Dios hacia los que están perdidos - la oveja perdida, la moneda perdida y el niño perdido. En cada uno, la figura que hizo la búsqueda en la parábola representa a Dios mismo. Por favor, lea las cuentas, y tomar notas aquí.

_____

_____

7. La mujer fue extraída de las entrañas del hombre durante el proceso del Creador. Al observar esto, nos damos cuenta de que el hombre fue creado primero, y por lo tanto se crea para ser el iniciador y líder en las relaciones. (Véase I Timoteo 3:13) La mujer fue creada para ser un respondedor, la cual tiene la necesidad de ser cuidada y protegida.

Qué nos enseña I Pedro 3: 7-8 acerca de los roles de hombres y mujeres en las relaciones?

_____

Notas adicionales:

La imagen de una mujer dada en la Escritura no es una de insignificancia, o sumisión abyecta. En Proverbios 31, por ejemplo, la mujer virtuosa es ensalzada. Ella está siempre deseosa de promover el bienestar de su familia, pero no permanece constante dentro de los confines de su hogar. Ella se dedica a la comercialización y asuntos de negocios. (V18 y 24).

Los Contrastes Entre los Géneros

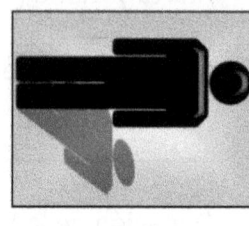

Lo que el Hombre Haría

1. Un hombre sacrificará una relación con el fin de cumplir una meta u objetivo.

2. Un hombre no suele descifrar y analizar las emociones (ni es parte de su diseño natural para hacerlo)

3. Un hombre puede estar fuera de contacto con sus sentimientos, de funcionar por completo en un nivel "tareas." (Esta es la "programación" del cerebro originales)

4. Un hombre escucha haciendo preguntas.

5. Un hombre le gustaría solución rápida. Él es un solucionador de problemas.

6. Un hombre se enfocará en solo una cosa a la vez; él no puede hacer múltiple cosas al mismo tiempo. (Esta es la "programación" del cerebro originales.) La expectativa de hacer múltiple cosas quita la habilidad de solucionar problemas.

7. Un hombre se centrará en el objetivo más amplio, "¿cuál es el resultado final?"

8. Un hombre va a compartimentar las situaciones y la autonomía de sí por la ira por la supervivencia.

Lo que la Mujer Haría

1. Una mujer sacrificará un objetivo por el bien de una relación.

2. Una mujer sentirá profundamente, descifrará y articulará sus emociones. (Que es parte de su diseño natural)

3. Una mujer está completamente en contacto con sus emociones, y a veces esperando a que otros gobiernen sus sentimientos también. (Esta es la "programación" del cerebro originales)

4. Una mujer escucha por empatía.

5. Una mujer normalmente enmascara en lugar de solucionar. Ella evita el problema.

6. Una mujer multitarea utilizando muchos datos a la vez, se puede integrar todos juntos. (Esta es la programación por defecto) se vuelve demasiado abrumador y percibe el fracaso.

7. Una mujer se enfocará en la necesidad inmediata- "¿cuál es la preocupación inmediata?"

8. Una mujer fragmentará, reprimirá y controlara para sobrevivir.

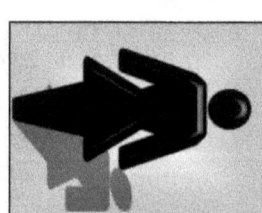

© atg/dcg

Los Patrones Culturales en el Reino de Dios - Estudio Seis
La Cultura del Mundo Natural Caido

1. En Génesis 3, se nos proporciona la cuenta del engaño de la serpiente a la mujer, la elección de desobedecer, y el silencio del hombre. La acción más pequeña de mirar lejos, alejándose de Dios les había dado lugar a una conversación con una serpiente que habla. Por último, que la erosión relacional culminó con la desobediencia final. Ellos hicieron lo que Dios específicamente les pidió que no hicieran.

Y cuando lo hicieron, todo cambió. Todo. Excepto la naturaleza de Dios.

De hecho, muchas cosas han cambiado, que Dios tuvo que decirle cuán grandes serían los cambios.
(Ver Génesis 3: 1-24) Anote aquí de lo que se descubre.

_____

_____

2. a. El hombre y la mujer fueron creados como seres espirituales, sólo un poco menor que Dios.

Salmo 8: 5 _____

b. Fueron creados y marcados por el creador para convertirse en agentes morales responsables, con mentes que piensan, y con poderes de elección y acción.

Génesis 2: 15-17 y Génesis 3: 1-7 _____

_____

c. Ellos fueron capaces de comunicarse con Dios y responder a él, y podrían amar y adorar a Dios, o si no, como ha querido. El hombre podía rebelarse contra Dios. Que fue una opción que nos afectó a todos.

Romanos 5:19 _____

3. Cuando el hombre y la mujer decidieron desobedecer a Dios, la cultura natural, conocida en las Escrituras como "pecado", entraron en el planeta. Esa elección causó la parte espiritual viva del hombre y de la mujer, llamado el espíritu humano, a morir. Además, cualquier cosa dentro del hombre y de la mujer que encarna la naturaleza de Dios o el Espíritu Santo también murió dentro de ellos. Por favor tome nota aquí en las siguientes Escrituras.

Salmo 51: 5 _____

Romanos 7: 18-19; 24 _____

_____

Romanos 5: 12-19 _____

4. Como resultado de la elección de la mujer y del hombre, los seres humanos ahora interpretan mal la libertad como independencia. mentira de Satanás que era engañar al hombre con la creencia, de que para ser independiente de Dios era ser "libre"(en el diseño del Creador, la verdadera libertad no es una independencia de la instrucción, la autoridad o la relación con los profesores / tutores "libre."; ni es el permiso para "ir por libre" y sin ayuda o de entrada).

II Pedro 2:10 _____

I Pedro 2:16 _____

Proverbios 14:12 y 16:25 _____

II Tesalonicenses 3:10 _____

Romanos 13: 1-7 _____

I Timoteo 5: 8 _____

Juan 14: 15-23 _____

5. Todo el mundo en el planeta es un sirviente de alguien o algo. Al final, cada uno de nosotros es un esclavo, ya sea de Cristo o de Satanás.

Romanos 6: 16-20 _____

_____

6. La cultura natural es mostrada por tres diferentes ejemplos de las Escrituras. La Biblia dice que estos tres ejemplos de red trabajan juntos para destruir vidas humanas, y trabajan específicamente en contra de los que optan por seguir a Cristo Jesús. Para descubrir tres facciones (partes) busque las siguientes Escrituras, y escribe lo que se aprende en las líneas abajo.

Facción uno.

    a. 1 Juan 2:15-17 _____

(Los elementos de esta facción son lujuria de los ojos, lujuria de la carne y orgullo de la vida)

    b. Juan 4:4 _____

    c. Colosenses 2:8-10 _____

    d. Romanos 12:2 _____

Facción dos

    a. Gálatas 5:16-21 _____

    b. Romanos 6:6 y 6:11-13_____

    c. Romanos 13:13-14 _____

Facción tres

    a. 1 Pedro 5:8 _____

    b. Juan 8:44 _____

    c. Revelación 12:9-10 _____

Las tres Facciones son:

    1._____

    2. _____

    3. _____

7. Desde el momento que el hombre y la mujer decidieron desobedecer, la cultura natural entró en vigor. Y a partir de las escrituras que hemos estudiado hasta ahora, es evidente que las tres fracciones trabajan juntas para prevenir seres humanos capaces de conocer y relacionarse con Dios. Tratan de engañar a los seres humanos en la creencia de que son capaces de vivir en el planeta, incluso sin necesidad de mirar a Dios.

   a. II de Timoteo 3:1-5 _____

   b. Romanos 1:18-32 _____

   c. Efesios 2:1-3 _____

La base de la cultura natural es la autosuficiencia y El Progreso personal, y por último, la búsqueda de personal autosatisfacción. El pecado, en su raíz es orgullo fuera de control.

Véase Santiago 4:6 _____

Esto, más que cualquier otra cosa, evitará que cualquiera o todos experimentos la presencia de Jesucristo y el Espíritu Santo en nuestras vidas día a día.

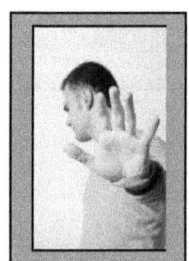

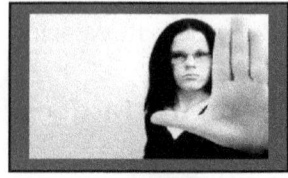

Los Patrones Culturales en el Reino de Dios - Estudio Seis
La Cultura del Mundo Natural Caido

1. En Génesis 3, se nos proporciona la cuenta del engaño de la serpiente a la mujer, la elección de desobedecer, y el silencio del hombre. La acción más pequeña de mirar lejos, alejándose de Dios les había dado lugar a una conversación con una serpiente que habla. Por último, que la erosión relacional culminó con la desobediencia final. Ellos hicieron lo que Dios específicamente les pidió que no hicieran.

Y cuando lo hicieron, todo cambió. Todo. Excepto la naturaleza de Dios.

De hecho, muchas cosas han cambiado, que Dios tuvo que decirle cuán grandes serían los cambios.
(Ver Génesis 3: 1-24) Anote aquí de lo que se descubre.

_____

_____

2. a. El hombre y la mujer fueron creados como seres espirituales, sólo un poco menor que Dios.

Salmo 8: 5 _____

b. Fueron creados y marcados por el creador para convertirse en agentes morales responsables, con mentes que piensan, y con poderes de elección y acción.

Génesis 2: 15-17 y Génesis 3: 1-7 _____

_____

c. Ellos fueron capaces de comunicarse con Dios y responder a él, y podrían amar y adorar a Dios, o si no, como ha querido. El hombre podía rebelarse contra Dios. Que fue una opción que nos afectó a todos.

Romanos 5:19 _____

3. Cuando el hombre y la mujer decidieron desobedecer a Dios, la cultura natural, conocida en las Escrituras como "pecado", entraron en el planeta. Esa elección causó la parte espiritual viva del hombre y de la mujer, llamado el espíritu humano, a morir. Además, cualquier cosa dentro del hombre y de la mujer que encarna la naturaleza de Dios o el Espíritu Santo también murió dentro de ellos. Por favor tome nota aquí en las siguientes Escrituras.

Salmo 51: 5 _____

Romanos 7: 18-19; 24 _____

_____

Romanos 5: 12-19 _____

4. Como resultado de la elección de la mujer y del hombre, los seres humanos ahora interpretan mal la libertad como independencia. mentira de Satanás que era engañar al hombre con la creencia, de que para ser independiente de Dios era ser "libre"(en el diseño del Creador, la verdadera libertad no es una independencia de la instrucción, la autoridad o la relación con los profesores / tutores "libre."; ni es el permiso para "ir por libre" y sin ayuda o de entrada).

II Pedro 2:10 _____

I Pedro 2:16 _____

Proverbios 14:12 y 16:25 _____

II Tesalonicenses 3:10 _____

Romanos 13: 1-7 _____

I Timoteo 5: 8 _____

Juan 14: 15-23 _____

5. Todo el mundo en el planeta es un sirviente de alguien o algo. Al final, cada uno de nosotros es un esclavo, ya sea de Cristo o de Satanás.

Romanos 6: 16-20 _____

_____

Los Patrones Culturales en el Reino de Dios - Estudio Siete
¿Cuáles son las Reglas Naturales Culturales del Mundo Caído?

1. Dentro de cada grupo organizado, hay comportamientos aceptados y los patrones que conforman ese grupo único. Estos comportamientos y patrones proporcionan una identidad común, no sólo para el grupo como un todo, sino también para cada persona dentro del grupo. Durante un período de años, esas reglas se endurecen en las formas previstas de comunicación si una persona desea llegar a ser parte del grupo.

Por último, esos comportamientos para la aceptación y aprobación se convierten en la definición de las tradiciones que se celebran a partir de una generación a otra. Este patrón repetitivo de comportamientos recurrentes es cómo se forma una identidad cultural.

Entonces, después de generaciones de tradiciones repetidos dentro de un grupo de personas, la cultura gana fuerza. traumas de todo el grupo (experiencias dolorosas), como la guerra, el hambre, la brutalidad y la opresión, se suman las memorias nacionales y étnicas a esas tradiciones. Esta es la sustancia de los prejuicios y comportamientos nacionales arraigadas. Estos patrones sociológicos ocurren todos los días; en todas las culturas, en todas las naciones, en todas las familias. Así es como se desarrolla una identidad nacional y **cultural. Por favor, consultar las siguientes Escrituras para reconocer este tipo de identidad cultural.**

Tiro y Sidón. Mateo 11:20-22 _____

Egipto. Éxodo 6:7 _____

Asiria. Isaías 10:5-7 _____

¿Se puede pensar en un grupo de personas, e identificar algunas de las reglas culturales que los definen, sus creencias y sus prácticas? Hacer algunas notas aquí.

2. Como es con las naciones, también es con las familias, y con los individuos. Nuestros patrones de creencias culturales tienden a tratar de aguantar, que influye en silencio nuestras vidas después de que elegimos ser discípulos de Cristo. Aquí hay algunos ejemplos de las normas culturales más comunes y naturales. Cada uno de éstos representan las creencias engañosas que cada creyente debe elegir a rechazar si han de convertirse en un líder maduro y eficaz en el Reino de Dios. Ver con cuáles te identificas, y hacer una nota en donde esos pensamientos podrían haber sido aplicados en su historia personal.

El engaño / falsa creencia de que es normal   Fuente Verdad (Escritura)   El Cultura del Reino

    a. El mantenimiento de una
       perfecta impresión de datos
       La imagen es vital para una
       buena vida   Cultura   Efesios 4: 22-25

Nota: _____

    b. Algunas personas no son tan
       valiosas o importantes como
       los demás.   Abuso   Hechos 17:26
                                        Cultura.

Nota: _____

    c. Los buenos ciudadanos tienen
       miedo de autoridad. El respeto   Abuso   Romanos13: 1-7
       y el miedo son lo mismo.   Cultura.   I Tesalonicenses 5: 12-13

Nota: _____

    d. La culpa es un buen motivador   Miedo   Romanos 8: 1-2
                                             Cultura

Nota: _____

d. La vergüenza mantiene los ciudadanos en la culpa su estado asignado.	Falso / Orgullo cultura	Gálatas 5: 13-14

Nota: _____

e. Los hombres son más importantes que las mujeres, y nunca se deben de percibir de estar equivocados.	Cultura abuso / Pride	Gálatas 3: 27-29 I Juan 1:8

Nota: _____

f. Las mujeres son más importantes que los hombres, deben mantenerse feliz.	Cultura Pride	Gálatas 3: 27-29 Romanos 16:18

Nota: _____

g. Que muestra la emoción de miedo delante de los demas muestra debilidad.	Pride/cultura La falta de formación en la infancia	Eclesiastés 3: 4 Romanos 12:15 Juan 11:35

Nota: _____

h. Logro demuestra Auto Confianza en Valor La regla de éxito	Cultura Pride / temor	Gálatas 6: 3-4

Nota: _____

j. Los extranjeros no son bienvenidos
en el medio ambiente de la misma
manera como los "nuestros" son   Cultural   Mateo 5: 43-47
                                        Historia / Abuso
No confíe en los extranjeros.

Nota: _____

k. Es necesario ocultar ambiente   Cultural   Santiago 5: 14-16
mi verdadero yo detrás de la   Historia / Abuso de   Lucas 12: 1-3
"máscaras" de lo que   percibo   Gálatas 1:10
es el comportamiento esperado.

Nota: _____

l. No es seguro confiar en nadie   Cultura   Proverbios 27: 6-9.

Nota: _____

m. La ira es la fuerza, la rabia y
la impresión /mantiene las cosas   abuso   Proverbios 14:29
en su lugar.   Cultura   Santiago 1:19

Nota: _____

                                        Cultura   Jeremías 9: 23-24
o. Sólo los fuertes sobreviven   Abuso / miedo / no unión   II Corintios 12: 9-10

Nota: _____

p. El valor de un ciudadano en
el entorno grupo esta determinado   cultural   II Corintios 3: 11-15
por lo que esa persona lleva a cabo.   Romanos 5: 6-10

Nota: _____

3. Mirar hacia atrás sobre la lista de las creencias personales con anterioridad a esta pregunta. ¿Cuáles declaraciones han creído que son verdad en su propia vida? Escribirlas aquí. Tenga en cuenta dónde puede haber aprendido estos patrones. Hacer una nota debajo de cada uno en su lista. Estas son las áreas de su vida que el Espíritu Santo está ansioso por el ministro de sanidad en ti, e intercambian tu verdad percibida por su verdad. El Espíritu Santo anhela que entres en la Vida y la presencia del Creador en el Reino en cada área de tu corazón y mente.

4. Tenga en cuenta: ¿Fueron los patrones de pensamiento que han identificado comportamientos aprendidos de su propia cultura personal de la familia (familia de origen), o son creencias de muchos de los que viven en su ciudad o país? Enumerar los que ha creído toda su vida aquí.

Nota: El mundo, la carne y el diablo buscan separarnos.

El Espíritu Santo del Dios viviente desea unificarnos, y acercarnos los unos a otros.

Los Patrones Culturales en el Reino de Dios - Estudio Ocho
El Problema de los Filtros Personales

1. La elección de la mujer y del hombre a desobedecer dejó dentro de cada uno de nosotros una imagen tácita y no realizada de lo que necesitamos en nuestras vidas con el fin de experimentar la realización personal. Mucha gente se refiere a esta "imagen" como un "agujero en forma de Dios." En otras palabras, cada uno nace con un deseo instintivo de saber quiénes somos y de dónde venimos. Y, sólo podemos conocer la respuesta a estas preguntas, cuando conocemos a Dios, en la forma de Jesucristo.

Véase Juan 14: 6 _____

2. Además de las creencias culturales naturales, cada persona en la tierra también desarrolla Filtros personales en el transcurso de su vida. Ahora, las creencias culturales son indicadores de evitación de cambio en un grupo de personas, como una familia, un pueblo, una ciudad, o incluso una nación. Sin embargo, los filtros personales son mecanismos de defensa que se desarrollan dentro de los individuos. Por regla general, estos filtros son comportamientos aprendidos y se desarrollan en respuesta a las experiencias difíciles de la vida. Muchas veces, estos filtros nos animan a mentir a nosotros mismos, evitando enfrentar la verdad y aceptar la sanación de Dios para nuestro dolor mental y emocional.

Véase Juan 3: 9-10 _____

Proverbios 28:13 _____

Los Filtros personales de una persona, suelen encontrar una raíz de un evento traumático. Como la mayoría de nosotros sabemos por experiencia triste, dolor emocional es destructivo, y puede ser una terrible maestro! Como resultado de nuestro dolor emocional, todos en el planeta desarrollan sus propias "reglas" de 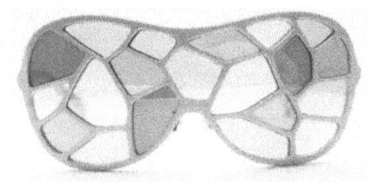cómo ven el evento llamado "La vida" en su conjunto. También desarrollamos respuestas basadas en estos filtros para la forma en que manejamos situaciones personales. Por desgracia, muchas veces, nuestras "reglas" sólo incluyen lo que "no se debe hacer."

Y diciendo esto, nuestros filtros personales pueden ser comparadas con las gafas de sol, que "sazonan" y todo "colorean" todo lo que vemos y sentimos. Por lo general, los filtros personales se interponen en el camino de disfrutar de las relaciones, la comunicación abierta y sin temor o ansiedad, o incluso dormir bien sin perturbaciones o pesadillas.

Ver Efesios 4: 14-16 _____

Salmo 15: 1-2 _____

Salmo 51: 6 _____

3. Las raíces de nuestros filtros personales, y el número de distorsiones en nuestra comprensión de la vida sana, están directamente relacionados con lo que podemos llamar vida Momentos Definitivos. Estos se manifiestan en el corazón y la mente de una persona como recuerdos. Un momento de la vida Definitivo puede ser explicado como un acontecimiento, una situación o una relación que divide recuerdos de una persona en el "antes" y "después". (Un ejemplo de un momento definitivo en el mundo se podría considerar los años de la segunda Guerra Mundial Aquellos fueron años traumáticos para cada nación en la tierra, y el cambio de las naciones, las actitudes y la política El equilibrio de poder se vio afectada por todas partes, y pocas personas quedaron no afectadas) Un momento de vida definitivo causa el cambio - En la forma en que pensamos, actuamos y sentimos. Tal momento, o temporada, puede alterar por completo la propia visión del mundo, así como la vista de cada uno de sí mismo.

La Biblia está llena de ejemplos de nuestro Dios ayudando a las personas a recuperarse y vienen a través de un traumatismo. Aquí están algunos ejemplos:

a. José (vendido como esclavo) Génesis 37: 18-36

___

b. Esther (forzado en un harén) Libro de Ester (véase el capítulo 2)

___

c. Ruth (perdió a su marido, y su país) Libro de Rut

___

d. David (tuvo que esconderse de un rey tratando de matarlo) I Samuel 18 – 31

___

e. Moisés (mata a un hombre y tiene que huir) Éxodo 2: 11-25

___

f. Tamar (violada por su hermano) II Samuel 13

___

g. Jeremías (arrojado a un pozo) Jeremías 38:6

___

h. Daniel (encarcelado por orar) Daniel 6

___

Nota: En lugar de permanecer "atrapados" en los patrones de vida defensivas, cada una de estas personas dio la bienvenida a la ayuda de Dios, física y emocionalmente, en medio de sus situaciones. Como resultado, cada uno de ellos crecieron tanto en lo espiritual y emocional, convirtiéndose en un discípulo más fuerte del Dios vivo.

4. ¿Ha experimentado un Momento de Vida Definitivo? (Un momento, que divide su vida en "antes" y "después?" Anote aquí en la columna de la izquierda.

Después de haber completado la columna de la izquierda, tome tiempo para considerar los tácitos votos o decisiones que tomó para proporcionarse a sí mismo con la idea de que podía manejar el problema. Si no llega a una herramienta de supervivencia, es probable que sea una indicación de que dejó de crecer emocionalmente y espiritualmente en el punto de ese momento doloroso - porque simplemente no sabía qué hacer. (Eso le sucede a todo el mundo.)

Momento de Vida Definitivo	Lo que decidí que tenía que hacer (o lo que era cierto para sobrevivir)

Aquí están algunas sugerencias de Vida Momentos Decisivos para ayudarle.
La pérdida de un ser querido, Rechazo, siendo intimidado, negligencia, abandóno, Violación, abuso sexual, El abuso físico, abuso emocional, abuso verbal, los prejuicios, la pobreza, el hambre, testigo de la violencia o la muerte inesperada, el ridículo, dificultad, ser mal interpretado, Guerra, cautiverio, el aislamiento, la enfermedad/la enfermedad, una pérdida dolorosa

El engaño/falsa creencia de que es normal	**Fuente Verdad (Escritura) Cultura del Reino**
a. Dios es sólo feliz conmigo impronta cuando estoy perfecta (abuso religiosa)	Salmo 103: 8-14

Nota: _____

b. Lo que hago para Dios determina la religión opresora mi uncion spiritual, y mi estado con Dios. Debe ganar el favor. (abuso religiosa)	Efesios 2: 8-10

Nota: _____

c. Algunas personas no son tan abandono valioso o importante como otros. abusos.	Hechos 17:26

Nota: _____

d. No debería nunca decir "no." (Imprimir / abuso)	Mateo 25: 1-10

Nota: _____

e. Debería tener miedo de la autoridad El respeto y el miedo son los mismos. (Trauma/abusos en la infancia)	Romanos 13: 1-7 I Tesalonicenses 5: 12-13

Nota: _____

f. La culpa es un buen motivador de impression (Temor)	Romanos 8: 1-2

Nota: _____

g. La vergüenza me dice que soy.   (Impresión / Orgullo)   Gálatas 5: 13-14

Nota: _____

h. Mi género define mi papel,   (la cultura / impresion)   Gálatas 3: 27-29
y mi valor.

Nota: _____

i. Los niños son más importantes.   (Impresión)   Salmo 22: 6
                                     (La compensación por el abuso)   Salmo 127

Nota: _____

j. Sintiendo la emoción es un signo de miedo   Eclesiastés 3: 4
debilidad.   (La falta de formación en la infancia)   Romanos 12:15

Nota: _____

k. Debo lograr y ganar mi valor para ser aceptado.   Gálatas 6: 3-4.
              (El orgullo, el miedo, el rendimiento)

Nota: _____

l. Aborrecer y despreciar a la gente   Mateo 5: 43-47
   de una cultura diferente a la mía es
   necesaria para la supervivencia.   (Abuso/Miedo)

Nota: _____

m. ocultar mis debilidades es imprime   Santiago 5: 14-16
parte de la vida. Debería ser capaz de   abuso / temor   Lucas 12: 1-3
Cuidar de mí. "Máscaras"
son buenas.

Nota: _____

n. Las adicciones son formas aceptables
de la automedicación. (Alcohol, el sexo, la influencia de los pares   Santiago 4: 7
la pornografía, el exceso de trabajo,
la falta de union   I Corintios 6:12
deportes, dinero, drogas)
Abuso / imprimiendo   Juan 2:16

Nota: _____

o. Me deben mantenerse feliz, con
mis necesidades y apetitos cumplen   ninguna formación / no union   Filipenses 3: 8-20
antes de que nadie se toma orgullo   Mateo 23: 11-12
cuidado de.   La falta de disciplina de la niñez

Nota: _____

p. No es seguro confiar en nadie   (Abuso / impresión / vergüenza)   Proverbios 27: 6-9.

Nota: _____

q. La ira es fuerza, la rabia y la   impresión / abuso   Proverbios 14:29
mantiene las cosas en su lugar.   Orgullo   Santiago 1:19

Nota: _____

r. Si las personas no están de acuerdo conmigo,   No hay formación/unión   Proverbios 9: 7-9
que deben ser rechazados   La falta de disciplina infancia   Mateo 7: 6.
miedo

Nota: _____

s. Sólo los fuertes sobreviven   Abuso/miedo /no union   II Corintios 12: 9-10

Nota: _____

t. Mi identidad se define por lo que logro. | el orgullo / Miedo imprimir | II Corintios 3: 11-15
Romanos 5: 6-10

Nota: _____

u. Mis necesidades no son importantes. | La vergüenza/no unión abuso | Filipenses 4:19

Nota: _____

v. Nunca será lo suficientemente bueno. | La vergüenza/no unión
La negligencia/abuso | Efesios 2:10
Romanos 8: 38-39

Nota: _____

w. Cuando estoy maltratado, yo Probablemente se lo merecía, y creen que muestra mi verdadero valor como persona. | abuso
vergüenza/temor/orgullo | Salmo 82: 3-4
I Samuel 17
Isaías 10: 1-3

Nota: _____

x. Debería ser capaz de hablar mi la mente cuando quiero. | orgullo
impresión de datos | Proverbios 29:11
Proverbios 17:28

Nota: _____

y. No necesito ser una colaborador. | falta de formación/temor
La falta de disciplina infancia | Efesios 4: 15-17
II Tesalonicenses 3:10

Nota: _____

z. No necesito relaciones, o la Comunidad. | falta de unión
Abuso / impresión | Eclesiastés 4: 9-12
Hebreos 10:25

Nota: _____

aa. Es más importante que yo esté feliz en mi vida. Otros necesitan para ayudarme a ser feliz.	No hay suficiente Disciplina como un niño. Adorado. Niño mimado	Lucas 16: 19-25

Nota: _____

¿Cómo se procesa la vida siempre se ve afectada por nuestras reglas culturales y filtros personales. Cada persona en el planeta ha aprendido a utilizar las reglas y filtros que han adquirido. Estos patrones se muestran a cada uno de nosotros por los que hemos conocido en nuestros años de formación. Ejemplos: Reglas de estado e imagen, raza, religión, respuesta a la autoridad, en relación con los padres, manejo de dinero, las normas sexuales, roles de un hombre, una mujer de Roles, Política, honestidad, generosidad, Resolución de conflictos, comunicación, etc. Si el patrón que aprendimos fue sano, basada en la Palabra de Dios, entonces vamos a ser saludables en nuestros patrones de vida. Si el patrón que aprendimos fue poco saludable, basado en los principios del mundo y no según Cristo (Colosenses 2: 8-10), entonces vamos a tratar de justificar los malos comportamientos sin hacer cambios. Nuestro discipulado se convierte en defectuoso, y se impide el crecimiento. Entonces llegamos a ser espiritualmente y emocionalmente retrasados en nuestros patrones de crecimiento.

Las Motivaciones de Dar y Recibir Amor

Recibe el Amor de Dios y lo aplica a su propio corazon	Motivado e Influenciado por Temor	Motivado e Influenciado por Orgullo
1. Opera en discernimiento	1. Opera en sospecha.	1. Opera en asumir
2. Es un discipulo. Hace preguntas	2. sigue sin cuestionar.	2. Hace afirmaciones; ya entiende
3. Confia con un corazon abierto.	3. Es temeroso	3. Se mueve independiente. No ve la necesidad de confiar.
4. Busca comunidad: ve la necesidad de crecer.	4. Anticipa repetir heridas pasadas.	4. No admite vulnerabilidad.
5. Es enseñable- sin argumentos-razones	5. Desea ser enseñado pero piensa que el crecimiento es inalcanzable.	5. Siempre tiene respuestas, tiene que saber y ser visto como que lo tiene todo junto.
6. Busca cambiar.	6. Quiere que la otra gente cambie, es temeroso de dar pasos por si mismo, tiene temor de fallar.	6. Busca cambiar a otros, mientras el no cambia personalmente.
7. Esta dispuesto a esperar pacientemente.	7. Se da por vencido cuando no ve resultados rapidos. Asume fracaso.	7. Manipula circunstancias por los resultados deseados.
8. No tiene agenda.	8. Tiene que tener el control de su propio ambiente.	8. Tiene que tener reconocidos sus derechos personales.
9. Responde amablemente.	9. Respuestas defensivas, silencio.	9. Respuestas insensibles-objetivo.
10. Acepta responsabilidad de sus propios errores.	10. Se culpa a si mismo	10. Culpa a otros.
11. Recibe amor incondicionalmete.	11. Debe ser reciproco para tener un balance- teme rechazo. Razona con amor y perdon de Dios.	11. Establece criterios para ser amado- establece terminos y condiciones. Las acciones que no estan en su lista no son vistas como amor. Argumenta con el amor de Dios. Tiene que ganar significado.
12. Da amor incondicionalmente.	12. Ama para tener aceptacion. Gratitud expresada-Disculpas son consideradas inmerecidas.	12. Ama para ganar control. Gratitud expresada-disculpas son consideradas no suficientemente buenas.
13. Opera relacionalmente.	13. Se anticipa al rechazo.	13. Opera solo, no tiene necesidad real por otros.
14. No guarda records de equivocaciones.	14. Guarda una lista de heridas personales para confirmar y reforzar el crecimiento estancado.	14. Guarda una lista de las fallas de otros. Para poder tener un sentido superior. Mantiene a los otros "responsables". Hace demandas.
1 Co 13/ Salm103- Ve a Dios como un Padre amoroso. Crece en estatura y naturaleza de Cristo.	Juan 5:1-9/ 2 Tim 1:7- Ve a Dios Como un jugador de ajedrez. Esta lisiado en su Corazon y se siente quebrantado adentro. Esta esperando el momento y tiempo perfecto; vive intimidado. Problemas con depresion.	Santiago 4:1-10, 1Pedro 2:11-25- Ve a Dios como el ultimo Control. Conquistador Supremo. Esta ciego y sordo, tratando de encontrar su propio camino. Batalla con ira y frustracion.

©atg

Los Patrones Culturales en el Reino de Dios - Estudio Nueve
Parte 1 - La Naturaleza de Dios Padre

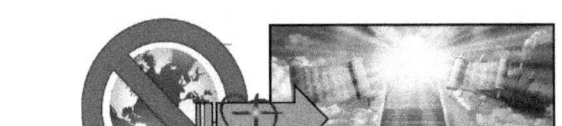

1. Las Escrituras nos enseñan que Dios es amor (ver I Juan 4: 7-8 y Gálatas 5:22). La comprensión de esta nos ayuda a comprender que el sistema operativo del Reino de Dios es su amor incondicional. Esto significa que todo lo que ocurre int Unido debe suceder en y por la naturaleza de Dios. Hemos estudiado hasta el momento que Adán poseía un sentido profundo y completo de la confianza en Dios. Por lo tanto, el Reino opera a través de amor y confianza en Dios.

---

2. Y, debido a las Escrituras también nos enseña que Dios es bueno, (ver Salmo 100: 5 y 1:17), concluir con seguridad que cualquier cosa que opera fuera de la esfera y la influencia del amor de Dios no puede tener su raíz en nada bueno. Esto también nos decía que todo el mal no puede venir de Dios.

---

3. Sabemos que Dios también es verdad (Juan 14: 6). Y que el miedo no puede existir donde también existe un verdadero sentido del amor. (Juan 4:18) Cuando caminamos con Dios el Padre, es su deseo de mostrarnos las zonas donde Él desea que confiar en nosotros con el conocimiento de nuestra identidad y vocación.

¿De qué manera Dios Padre deseo de relacionarse con usted? A medida que trabaja a través del siguiente estudio, por favor tome nota de lo que descubra.

"¿Qué, pues, diremos a esto? Si Dios es por nosotros, ¿quién contra nosotros?"Romanos 8:31

1. Te ha llamado para lograr un propósito determinado   Isaías 49: 1 y 5
cuando todavía estaba en el vientre de su madre.
Él te diseñó para que fuera su flecha (preparado,
Dirigido y específica en un momento determinado
para una estratégica propósito dentro de su propia
generación)

¿Usted sabía que el Padre Dios, su Creador, que hizo como un diseño especial en forma personalizada? Usted es su "poema", o mano de obra, creado para buenas obras. Escriba aquí Efesios 2:10, utilizando las palabras "yo" y "yo", en lugar de "nosotros" y "nosotros".

_____

_____

2. No estabas oculto para él cuando era   Salmo 139: 13-16
formando en el vientre de su madre. Él sabía todo
Sobre tu vida. Se contaron los días de su
la vida antes de que nacieras.

¿Qué conceptos nuevos acerca de su vida, y el propósito de su vida hace esto confrontar Escritura y sacar a la luz?

_____

_____

3. Quiere bendeciré, y engrandeceré tu nombre   Génesis 12: 1-3
Él quiere hacerte una bendición. Él quiere bendecir   Gálatas 3: 7-9
los que te bendigan y maldeciré a los que te maldigan.

Dios Padre es una figura de autoridad que le defenderse contra todos los enemigos. No importa cómo se le ha fallado por una figura de autoridad terrenal en esta área de su vida, escribir aquí aquellas áreas en las que sepa que tiene que confiar en Dios Padre para defender y mantener.

_____

_____

4. Él quiere perdonar todos sus pecados   Salmo 103: 3-5 y 10
(Debilidades y tendencias al pecado heredado,
La culpa que ha sido almacenada de una
generación a otra). Él quiere sanar todas
de sus enfermedades. Él quiere redimir
(Hacer nuevo) su vida, tirando de la fosa.
Él quiere coronar su vida con bondad
y la compasión. Quiere satisfacer sus años
con las cosas buenas. Quiere renovar su juventud
(Te dará fuerza en sus últimos años).

¿Cuál es la provisión de Dios Padre abrumadora acuerdo con estos versos? ¿Eres importante para Él? Él es consciente de sus circunstancias? ¿De qué manera estas escrituras se enfrentan a su comprensión terrenal de una figura paterna?

_____

_____

5. No ha hecho con nosotros conforme a nuestra   Salmo 103: 10
pecados. (Esto significa que no obtenemos lo que merecemos -
Eso es gracia!)

Es nuestro Padre Celestial esperando para castigarnos cuando fallamos?

_____

_____

6. No hay límite a su misericordia   Salmo 103: 11 y 17
(Es decir --His merced suave y firme) hacia
nos.

Él está siempre dispuesto a aceptar y perdonar a nosotros, cuando nos arrepentimos y confesamos nuestro pecado.

_____

_____

7. Él quiere hacer por el camino recto.   Proverbios 3: 5-6

Él es capaz de hacer un buen provienen de malo? Él va a ayudarnos y enseñarnos para que nosotros no fallamos? (Ver Romanos 8:28)

_____

_____

8. El quiere dar el Espíritu Santo a los   Lucas 11: 9-13
que se lo pidan. Se da buenos regalos.   James 1:11

¿Qué dones que han tenido miedo de pedir de que nuestro Padre Celestial? ¿Por qué?

_____

_____

9. Él quiere ser su fuerza cuando se está débil.   Éxodo 15: 2
                                                           II Corintios 12: 9

¿De qué manera se ve una comprensión diferente de Dios Padre y de su amor para ti que has conocido antes? Explique.

_____

_____

10. Él quiere que vivas para siempre   Juan 3: 14-18
                                                           II Pedro 3: 9
                                                           Juan 8: 23,24

Es Dios Padre alegre que usted está aquí? Él tenía el plan de su existencia?

_____

_____

11. Quiere que le permite ver el Reino de Dios   Juan 3: 3
                                                          Juan 6:40

¿Quiere pasar tiempo con usted? _____

Escribir una breve descripción de las nuevas imágenes de Abba Padre que se han vuelto real para ti hasta ahora en este estudio. ¿De qué manera es diferente de Él el concepto que ha tenido de Él en su vida hasta ahora?

_____

_____

_____

12. Él quiere que Sus bendiciones a alcanzarle.   Deuteronomio 28: 1-13
Quiere te bendecirá en la ciudad, y bendiga
que en el país. Él quiere bendecir a su
niños, y todos los animales que poseen.
Él quiere bendecir a su situación alimentaria. Él
quiere bendecirte cuando sales y
cuando entra en. Quiere hacer que su
enemigos sean derrotados delante de ti, que huyen de
siete direcciones diferentes. Él quiere bendecir
todo lo que fija su mano para hacerlo. El quiere
para confirmaros y que prosperen. Él quiere
bendiga por lo que son un prestamista y no
un prestatario. Él quiere hacer que la cabeza
y no la cola. Él quiere bendecir por lo
que son en la parte superior en cada situación.

¿Qué tiene esto que la Escritura enseña acerca de su naturaleza hacia usted? ¿Te ha diseñado para ¿fallar?

_____

_____

¿Cuál es la condición para el éxito en la vida, de acuerdo con estos versos?

_____

Puesto que la Palabra de Dios Padre es verdad, y Él siempre cumple sus promesas, y él no practica el favoritismo, se puede creer que todas estas bendiciones pueden ser tuyos cuando escoger obedecer a Él?

_____

_____

¿Qué, o quién, trata de evitar que la obediencia a su Palabra? _____

¿Qué, o quién, trata de evitar que confiar en Dios Padre con su corazón para que usted tendrá éxito?

_____

13. Él quiere que usted tenga una vida abundante   Juan 10:10
"abundantes" "perissos" --Greek (más allá de la medida,
mucho más que todo, superior, más notable
y excelente que alguna vez has conocido antes)

¿Qué es la vida abundante, en su perspectiva? Se trata sólo de las posesiones y el exito? ¿O ir más allá de eso, en abundantes bendiciones de un alma sana? (Véase III Juan 3)

_____

_____

14. El quiere que usted pueda operar en los dones de su Espíritu   Hechos 2: 17-18

¿La promesa se extiende a usted, y para su vida?

_____

_____

15. Él quiere ser tu refugio. Él no   Salmo 9: 9-10
abandonará (abandonar) usted.   Hebreos 13: 5

¿Cuánto tiempo ha prometido estar con usted?

_____

_____

16. El quiere librar de todo mal,   Salmo 34:17
y lo libera de todos sus enemigos.   Salmo 18: 1-3

Ha una figura de autoridad terrenal que no por lo que le permite ser sometido al mal? ¿Te han puesto en una situación perjudicial, y por lo tanto magullados su capacidad de confiar? ¿Se puede confiar en lo que Dios Padre ha dicho en Su Palabra acerca de su capacidad para mantener y libraros?

_____

_____

17. Él quiere que confíes en Él y que se les ayude. Salmo 28: 7

Es importante que nos demos cuenta de que no existe una ayuda completa y duradera fuera de Dios Padre. Sólo Él puede sanar. ¿Está dispuesto a abrir su corazón, y permitir que su amor para tocar las áreas que han sido lastimados en el pasado?

_____

_____

18. Él ha almacenado su bondad para usted.   Salmo 31:20
Él quiere ocultar en su presencia.

19. Él quiere ser su ayudante   Hebreos 13: 5-6

¿Está dispuesto a permitir que te creen que estos atributos sobre Dios Padre, en relación directa con su vida?

_____

_____

20. Él sabe sus incapacidades y tiene compasión de ti.   Salmo 103: 13

Dios Padre no espere la perfección de su vida?

_____

_____

21. Quiere brillar en su vida como el sol, el   Salmo 84: 11-12
y ser su escudo. Él quiere derramar la gracia
y gloria sobre ti. Él no quiere que la retención
las cosas buenas de ti.

¿Qué bendiciones espirituales y emocionales qué necesita recibir de su Padre Celestial?

_____

_____

22. Quiere suministrar todas sus necesidades.   Filipenses 4:19

¿Qué necesidades tiene usted de que usted ha tenido miedo de pedir a Dios Padre que nos encontremos?

_____

_____

_____

_____

23. Quiere brillar su rostro (Él está mirando con amor)
sobre vosotros para iluminar su camino.   Salmo 89:15

24. Quiere limpiar su vida de todo pecado,   I Juan 1: 7
y tener comunión (amistad íntima) con usted.

25. Él quiere que sepas que Él es
en su lado.   Salmo 118: 6

¿Puede usted creer que Dios Padre le dará el conocimiento y la perspectiva que necesita para vivir su vida a una dimensión más plena? ¿Qué nueva comprensión de su naturaleza no proporcionan estas escrituras para usted?

_____

_____

_____

_____

26. Él quiere revivir (curar) tu corazón   Isaías 57: 15
cuando se le ha roto y magullado.

27. Él quiere escribir Sus leyes en su mente,   Hebreos 8: 10-12
y escribirlas en su corazón, para mantenerlo   Salmo 119: 11-12
del pecado y la destrucción.   Proverbios 14:2 y 16: 25

Sólo Padre Celestial puede equipar y permitir que camine libre del dolor y la servidumbre que han experimentado en su vida. (Los seres humanos están calificados, y pueden ayudarle a entender por qué usted tiene dolor, y cómo vivir con ella --pero sólo el que lo creó se puede quitar y le dará un corazón nuevo.) Escribe una oración a Él aquí, pidiendo su ayuda, y luego rezar lo que ha escrito en voz alta.

_____

_____

_____

28. El quiere librar de todo temor.   Salmo 34: 4-7
Él quiere librar de toda vergüenza.
Él quiere librar de todos sus problemas.

29. El quiere responder a sus oraciones, y dar a   I Juan 5: 14-15
que la confianza de que Él te escucha. (Él está escuchando)

30. Él es el restaurador de tu alma.   Salmo 23: 3

31. Él quiere que seas sin miedo de su presencia,   Gálatas 4: 4-7
y para llegar a él como a su hijo pequeño.   Romanos 8: 15-16
                                                                                   Hebreos 4: 16
                                                                                   Mateo 18: 1-4

_____

_____

_____

_____

_____

_____

*Cuando se aprende a relacionarse con Dios, es vital que nuestro entendimiento de Él,
o lo que se llama nuestra "imagen" o percepción, no se va a filtrar en
de cualquier manera, o incluso cambiado mínimamente por nuestra cultura
patrones de creencias. Tratando de mezclar nuestros reinos se
causar daño a nosotros mismos ya otros.
Somos responsables de la imagen de Dios,
presentar a los demás.*

Ver Mateo 18

Por favor, considere lo que ha aprendido hasta ahora, a medida que realiza el ejercicio de la página siguiente.

32. Para este punto, dibuje una tabla de comparación de su propia experiencia de vida personal.

Mi Abba Padre	**Mi Padre Terrenal**
Características	*Características Comparativas*
1.	1.
2.	2.
3.	3.
4.	4.
5.	5.
6.	6.
7.	7.
8.	8.
9.	9.
10.	10.

Los Patrones Culturales en el Reino de Dios - Estudio Diez
Parte 2 - La Naturaleza del Hijo

1. El Sistema Operativo de el Reino de Dios es Amor. El amor de Dios opera en la Verdad y en fideicomiso. Las Escrituras nos enseñan que Jesucristo es la personificación del Padre. Él es el Hijo de Dios, y, sin embargo, cualquier persona que lo ha visto ha visto al Padre. Por favor, lea Juan 14: 9 y escribe lo que aprenda aquí.

_____

2. Esto significa que no es verdad completa, amor y confianza entre el Padre y el Hijo. El Hijo no hace nada de forma independiente del Padre. Que hace y dice lo que el Padre hace y dice. Por favor, consultar las siguientes escrituras y tomar nota de lo que enseñan.

Juan 8:29 _____

Juan 5:19 _____

Juan 12:49 _____

3. Jesús escogió a vaciarse de sí mismo por el bien de la restauración de la relación entre Dios y la humanidad. Se nos anima a seguir su ejemplo. ¿Qué Filipenses 2: 1-16 nos enseña sobre el ejemplo de Cristo y nuestro seguimiento de ese ejemplo?

_____

_____

4. Estas Escrituras nos enseñan que las prioridades del Reino se basan en las relaciones. La relación de Dios con la humanidad; La relación de la humanidad con Dios; La relación de la humanidad con la humanidad. Lo que hace Romanos 14: 11-13 enseñe acerca de nuestra necesidad de dar cuenta a Dios por la forma en que hemos vivido con y tratado a los demás?

_____

El Hijo ha Elegido Identificarse con Usted

*"Porque no tenemos un sumo sacerdote que no pueda compadecerse
de nuestras debilidades, sino uno que fue tentado
en todo según nuestra semejanza, pero sin pecado." Hebreos 4:15*

1. Su madre lo concibió antes de casarse.   Mateo 1:18 y 23

Lista de las zonas de dolor en su propia vida desde el rechazo de sus compañeros y familia aquí.

_____

_____

2. Fue criado por un padrastro. (Abba Dios   Mateo 1: 19-25
era su padre --no José.) Es posible
Tenía dos padrastros. (Algunos estudiosos
creen que Alfeo se convirtió en el esposo de María
después de la muerte de José.)

3. Se crió con medios hermanos y   Marcos 3: 31-35
medias hermanas. (Ellos comparten un único parent-- María).   Mateo 12: 46-50
María no era virgen después del nacimiento de Jesús.   *(Véase Mateo 1:25)*

4. Él fue rechazado por su familia terrenal.   Juan 7: 1-5

Lista de las zonas de dolor en su propia vida de las relaciones familiares mezclados, debido a los padres (o de una figura de autoridad) infidelidad conyugal, abandono o divorcio aquí.

_____

_____

5. El experimentó limitaciones físicas, y puede   Filipenses 2: 5-8
identificarse con las personas con discapacidad. (Ilimitada   Juan 1: 1-5
Dios tomó sobre sí los límites de carne y hueso.   Juan 1: 14-18
Imagínese Dios Todopoderoso vivienda dentro de un recién nacido
el cuerpo del bebé; completamente descoordinado; incapaz de
formar palabras, incapaz de ver con claridad, incapaces de cuidar de
Él mismo; la espera de débiles, piernas recién nacidos para crecer
y llegar a ser capaz de mantener a su cuerpo para ponerse de pie y caminar).

Lista zonas de dolor y frustración en su propia vida debido a los impedimentos físicos y debilidades --those áreas que están dispuestos a permitir que Jesús contacto con su propia comprensión y cuidado.

_____

6. Se le burlaba de su ciudad natal,   Lucas 4: 16-30
que nunca recibieron su ministerio.

Jesús entiende y ha experimentado el dolor del rechazo. Listar el dolor zonas debido al rechazo en su propia vida aquí.

_____

_____

7. No tenía casa propia,   Mateo 8:20
y no hay lugar seguro para descansar.   Lucas 9:58

8. Él no tenía suficiente dinero para pagar   Mateo 17: 24-27
Sus impuestos terrenales, y Dios el Padre suministran

Lista zonas de dolor debido a una falta de seguridad aquí.

_____

_____

9. Él fue malinterpretado   Juan 11: 22-39

10. Él fue rechazado   Isaías 53:3
                                                                         Juan 1:11
                                                                         Lucas 23:18

11. Él fue molido   Lucas 22:64
                                                                         John 18:22

¿En qué formas de sentir una identificación con Jesucristo (Padre Dios en forma tangible) después de leer estas Escrituras?

_____

_____

12. Él fue burlado y golpeado   Lucas 22: 63-65

13. Fue acusado falsamente, y luego despojado de todo   Marcos 14: 57-58
y la posición siguiente a los ojos de la sentencia terrenal   Mateo 27: 11-14
potestades.   Lucas 23: 1-25

¿Qué injusticias tienen que sufrió que se están dando cuenta Padre Dios entiende?

_____

_____

14. Se le mantuvo despierto toda la noche por sus acusadores.   Lucas 22: 45-53 / 63-71

15. Él fue escupido y golpeado   Mateo 26:67

Lo que la violencia ha experimentado usted?

_____

_____

16. Fue condenado a muerte como un hombre inocente.   Mateo 27: 17-25

17. Fue odiado por ninguna razón   Juan 15: 24-25

18. Fue traicionado por un amigo cercano - con un beso --para dinero   Mateo 26: 14-15
                                                                           Lucas 22: 47-48

19. Él fue despreciado, burlado de y   Lucas 23: 35-39
burlado

Lo que ha experimentado el rechazo?

_____

_____

20. Su Padre apartó la mirada cuando él lo necesitaba la mayoría (de modo que siempre después, el padre podría mirar a través de los ojos de Jesús al ver que - en su tiempo de necesitar).

Mateo 27: 45-46
Marcos 15: 33-34

___

___

Efesios 5: 1-2

*"Sed, pues, imitadores de Dios como hijos amados;
y caminar en amor, como también Cristo nos amó y se entregó
por nosotros, ofrenda y sacrificio a Dios en olor fragante."*

Los Patrones Culturales en el Reino de Dios - Estudio Once
La Cultura del Reino de Dios
Parte 3 - La Naturaleza del Espíritu Santo

1. El Espíritu Santo es muchas veces el miembro olvidado de la Trinidad. Él es sin duda la más incomprendida. De hecho, en muchos círculos Cristianos, él se refiere como "él" en lugar de "Él". Sin embargo, Jesús se refirió al Espíritu Santo como una persona, igual con el Padre y el Hijo. Que nos enseña Jesús sobre el Espíritu Santo en Juan 14:16-17 y el verso 26?

_____

2. Es el Espíritu Santo que sella nuestra re-nacido espíritu humano en el reino cuando elegimos ser discípulos de Jesucristo. Ver Efesios 1: 13-14 y Efesios 4:30

_____

3. El Espíritu Santo es una persona. Él puede ser apagado (apagar/rechazado).
Ver I Tesalonicenses 5:19

_____

4. Siente tristeza. (Entristecido y se detuvo en su trabajo en nosotros.) Véase Efesios 4:30

_____

5. Cuando Jesús ascendió al cielo, dio instrucciones a los discípulos que esperarán el derramamiento del Espíritu Santo antes de hacer evangelismo. Dijo que tenían que ser apoderados. Por favor, lea Hechos 1: 1-12 y Hechos 2: 1-4. ¿Qué nos enseñan estos versículos sobre el deseo de Jesús por sus seguidores a ser bautizados con el Espíritu Santo?

_____

_____

6. ¿Qué hace el Espíritu Santo exactamente?

a. Él nos ayuda a experimentar la relación con Jesús. Juan 16:13-14

_____

b. Él nos convence de pecado, y nos lleva a Jesús. Juan 16:8

_____

c. Él vive en nosotros, y nos enseña a obedecer. Romanos 8:9-11

_____

d. Él nos enseña y nos guía. Juan 16:12-15

_____

e. Él nos consuela. II Corintios 1:1-4

_____

f. Él nos guía en cómo vivir. Gálatas 5: 6-18 y Romanos 8:13-15

_____

g. Él nos ayuda cuando estamos en lugares de difícil acceso. Juan 14:26

_____

h. Él nos ayuda a adorar. Salmo 46:10 y el Salmo 144:1

_____

i. Él nos da poder para ser testigos. Hechos 1:8

_____

j. Él nos ayuda a comprender la Palabra de Dios. II Timoteo 3:16

_____

k. El nos llena, y nos rellena, tan a menudo como lo necesitamos. Efesios 5:18-20

_____

7. El Espíritu Santo es conocido por muchos nombres en las Escrituras, y cada nombre es una imagen de su personalidad y función en la Trinidad. Por favor, eche un vistazo a el estudio que sigue.

A medida que avanza a través de las siguientes explicaciones de la personalidad y las explicaciones de las escrituras del Espíritu Santo, hacer una nota en las líneas provistas de cualquier nueva comprensión y la aceptación de su ministerio, que se están dando cuenta ahora está disponible para su vida.

El Espíritu Santo, la presencia de Dios Padre, es conocido por los siguientes nombres en la Escritura:

a. Eterno Espíritu de (Gr.) = 'aionios "sin principio y fin, y siempre lo ha sido).	Cristo se ofrecio a si mismo mediante el Espiritu eterno sin mancha a Dios siempre ha existido con Dios el Padre.	Hebreos 9:14
b. Espiritu Libre (He. = "nadiyb" dispuestos, inclinado a Ser generoso)	"Susténtame por Tu Espíritu libre." (Es dispuestos e inclinado ser generoso para ayudar aquellos tratando de obedecer al Padre Dios.	Salmo 51:12

_____

_____

c. El Espíritu de Conocimiento y el temor de Dios (He.) = "Da-ath," conocimiento, percepción, habilidad, discernimiento, comprensión, sabiduría - y "Yirá," superando el respeto y reverencia; Realización de asombro.)	Este es el Espíritu del Señor, que se manifesta en Jesucristo, la "Rama, de la Raíz de Jesse." (El Espíritu del Señor de nuestro propio corazón conoce lo que hacemos, No, y nos ayudará caminar en el temor del Señor.)	Isaías 11: 2

_____

d. Espíritu de Consejo y de Poder (He. = "Etsah," consejo, consejos, y el propósito - y "buwrah," fuerza, valor, poder, la fuerza, el dominio).	Este es el Espitiru del Senor que se manifesto en Jesucristo, la "Rama de la Raiz de Jesse." (El Espiritu del Senor nos ayudara mediante la potenciacion que seamos obedientes. El le ayudara nosotros a la batalla nuestra carne carnal.)	Isaias 11:2
e. El Espíritu de Gracia y súplicas (He.= "Chen," favor, aceptación, ver y "tachanuwn," una apelación o suplica por favor (perdón) para el hombre, así como a Dios.	Abre los ojos del hombre a ver y comprehender la fruto de sus acciones, y permite que el corazón para buscar el favor de Dios favor. (Él nos permitirá pedir perdón.)	Zacarias 12:10
f. Espíritu de Gracia (Gr. = "Charis") hacer que la da alegría, placer, gusto, y hermosura. Buena voluntad, la bondad misericordiosa de Dios - lo que atrae almas a Cristo, entonces mantiene y los fortalece en el crecimiento Cristiano.	El Espíritu que provoca obediencia, y una conciencia del don de la Vida de Dios por medio de Jesucristo. (Él lo hará nos ayude a ver cuán grande el amor y la misericordia de el Padre son para con nosotros. Él nos ayudará a comprender y sentir el gran amor y la Presencia de Dios.	Hebreos 10:29

g. Buen Espíritu (He. = "Towb," buena precioso, valioso en estimación, eithical, adecuada, agradable)	El Señor dio a su Espiritu para instruir (He. = "Sakal" comprender, estar perspicaz, para prosperar y tienen éxito) la hijos de Israel. (El Espíritu nos ayudará nosotros caminar de una manera ética manera; honesto con tanto Dios y el hombre.)	Nehemiah 9:20
h. Espíritu de Profecía (Gr. = "Propheteia" una inspiración divina Declaración de la propósitos de Dios. Reprueba, amonesta consuela, y revela.)	El testimonio de Jesús es el espíritu de profecía. (El Espíritu Santo permitirá nos permite hablar de Jesús y lo crucificado. Que permite a las personas líderes de servicio cinco veces dentro de liderazgo de la Iglesia para moverse de acuerdo a su plan. El Espíritu permite al ministerio de la profética dentro de la iglesia también.)	Revelation 19:10
i. Espíritu de Vida (Gr. = "Zoe" todo ser vivo, una vida activa y plena, que está consagrada y apartado para Dios, operativo y eithically moralmente.)	El Espíritu Santo da la vida y la libertad. (Él nos ayudará a permanecer liberarse de las ataduras y miedo, de estar de acuerdo a la ley del Espíritu de vida.)	Romans 8:2 (Revelation 11:11)

j. Espíritu de la Verdad (Gr. = "Aletheia" lo que es cierto en cualquier cuestión, libre de afecto, la simulación, imitación,, la mentira o engaño.	El Ayudante. Él nos guiará a toda la verdad, porque habla lo Padre dice. Aquellos que no escucha sana doctrina tener la espíritu de error. (Los Espíritu Santo nos ayudará para ser enseñable y caminar en la verdad de las Escrituras.)	John 16:13 John 15:26 John 14:17 I John 4:6
k. Espíritu de la Gloria (Gr. = "Doxa", esplendor, brillo, esplendor, dignidad, majestad real, un estado más exaltado, absoluta perfección.)	El Espíritu de gloria reposa sobre nosotros como creyentes. Cuando nos maldicen, se nos instruye ¡regocijarse! (El espíritu santo nos va a levantar de una gloria a la próxima gloria, ya que estamos transformado en la imagen y semejanza de Jesucristo.	I Peter 4:14 (II Corinthians 3:17-18)
l. Espíritu de la Promesa (Gr. = "Epaggelia" anuncio o promesa de bendición	El Espíritu Santo habla el recuerdo del carácter del Padre y la naturaleza hacia aquellos quien cree. (Él ha sellado nosotros en la mano del Padre, como ser salvado de destrucción.)	Ephesians 1:13

m. Espíritu de Revelación (Gr. = "Apokalupsis" revelar, por el que algo desnudo, para hacer desnudo, divulgar la verdad y la instrucción, para hacer que se manifieste o parecer).	El Espíritu que sabe todas las cosas, todo lo ve en el corazón de la gente - qué áreas hay necesitados existir dentro de nosotros. (Él lo hará revelar la naturaleza de la Padre a nosotros en nuestro punto de necesidad.)	Ephesians 1:17 (I Corinthians 2:10) (Ephesians 3:5)
n. El Espíritu de Sabiduría (Gr. = "Sophia" la sabiduría de Dios, Inteligencia Suprema, como en la formación del orden de creación y los consejos de la Escritura.)	El Espíritu Santo sabe las maneras y los consejos de el Padre, y da a conocer a los que tienen un corazón búsqueda para conocer y comprender propósitos y los caminos de Dios. (Él nos mostrará la sabiduría de Dios, que alumbra la punto neurálgico para conocer el designio del Padre.)	Ephesians 1:17-18 (II Kings 4:29) (Job 36:5) (James 3:14-18)
o. Espíritu de sabiduría (He. = "Chokmah" Habilidad en la guerra, prudente administración. Prudencia y prácticas éticas.)	El Espíritu del Señor da sabiduría en el que se rebela contra las fuerzas enemigas, e imparte la capacidad de gobernar y de diseño con habilidad. (Él nos ayudará a lograr todo el Padre nos llama a hacer.)	Exodus 28:3 Deuteronomy 34:9

p. Espíritu de Fe (Gr. = "Pistis" la convicton y garantía que algo es verdad, tiene fidelidad, y se puede confiar como de confianza.	Los imparte Espíritu Santo fe. (Sin Su empoderamiento, no podemos creer en Dios. Nos ayuda creer.)	II Corinthians 4:13 (Galatians 3:5 and 14) (I Corinthians 12:9)
q. Espíritu de mansedumbre (Gr. = "Praotes" gentileza, suavidad)	La naturaleza se expresa de Cristo a través de los creyentes (Se mostrará que la naturaleza en nosotros y por nosotros como decidimos obedecer Su Palabra.)	I Corintios 4:21 (Gálatas 5:23) (Gálatas 6:1) (Efesios 4:2) (I Timoteo 6:11) (Tito 3:2)
r. Espíritu de Santidad (Gr. = "Hagiosune" Majestad, la santidad, la moral pureza)	Ese Espíritu que declara que Jesucristo es el Hijo de Dios resucitado, y el estado de ser que estamos llamados a como creyentes. (Él nos establecerá como santo, sin mancha delante de Dios, a medida que buscamos Su poder para limpiarnos de todos los restos del reino del maligno (oscuridad).	Romanos 1: 4 II Corintios 7: 1 I Tesalonicenses 3:13

Los Patrones Culturales en el Reino de Dios - Estudio Doce
Viviendo la Vida del Reino de Dios en una Cultura Pecaminoso

1. Hay una gran diferencia entre la cultura del mundo de la naturaleza caída y la Cultura del Reino de Dios. De hecho, las Escrituras nos enseñan que los dos reinos se oponen por completo el uno al otro. Leer II Corintios 10: 3-4 y I Pedro 5: 8. ¿Qué nos enseñan estos versículos?

   _____

   _____

2. Hay algunos que sinceramente desean creer en Cristo, pero no están dispuestos a hacer los cambios en sus vidas que el arrepentimiento trae. Personas como éstas esperan que Dios les dé las bendiciones del Reino, pero insisten en que se debe permitir que todavía viven sus vidas de acuerdo a las reglas culturales del mundo caído. ¿Qué dice la Palabra que nos enseña en I Juan 4:20 y Juan 14:23-24?

   _____

3. Cuando elegimos ser completamente discípulos de Jesucristo, nuestro entendimiento de las prioridades cambian en la vida. En lugar de ser el primero que se trate con los deseos egoístas, nos damos cuenta de los propósitos y deseos de nuestro Dios. Llegamos a ser presentado a sus propósitos y para su Reino. El eje central de nuestros días ya no se limita a nuestra pequeña esfera. Se hace mucho, mucho más grande. Tomar notas en relación con los siguientes versos en las líneas proporcionadas.

   Mateo 16:24-25 _____

   Lucas 14:27 _____

   Gálatas 2:20 _____

4. Es importante señalar aquí, que los discípulos de Jesucristo han de vivir la vida en este planeta de acuerdo con la cultura del Reino de Dios. No podemos aferramos a las viejas "reglas" que vivían en normal de la cultura (caída del mundo) antes de venir a Jesús, y ser capaces de prosperar dentro de su Reino. Considerar:

I Juan 2:14-16 _____

Mateo 5: 8-46 _____

Romanos 12:10-16 _____

Romanos 14:13 _____

I Pedro 3:8 _____

5. Una de las razones por las que Jesús vivía y viajaba con los doce (muchas veces Más) durante tres años, era porque quería volver a dejar huella en cada uno de ellos, hombres y mujeres, con una nueva manera de vivir; una nueva forma de relacionarse con otras personas. En el curso de su ministerio, Jesús enseñó a los discípulos cómo vivir en el mundo, y sin embargo no vivir de acuerdo a los valores del mundo. Tome nota de lo que cada Escritura enseña a continuación.

Santiago 4:4 - No mezclar lealtades. Permanecer fiel al Reino de Dios.

_____

Juan 2:15 - Lo que pensamos es importante

_____

Colosense 3:1-2 - Mantener nuestra atención en el lugar correcto

_____

Mateo 20:25-28 - El Reino actúa de forma completamente diferente que las culturas de nuestro mundo.

_____

Mateo 7: 6 - Compartiendo preciosos detalles-lección de vida sin límites

_____

Evaluacion

Sentencia

El punto A - *"Yo vivo aquí emocionalmente"*
El punto B — *Una vida saludable*

Bueno	o	Malo
Aprobado	o	Suspenso
Correcto	o	Incorrecto
Gane	o	Pierda

Antes de que podamos hacer una ruta a un destino final, para una vida sana y el desarrollo, debemos evaluar la condición que estamos ahora. Cuando no evaluar, no podemos conocer un verdadero mapa para llegar a donde queremos estar, o que queremos ser.

Sentencia otorga un valor moral negativo de la "Estás aquí" mecanismo, y cierra la puerta al crecimiento y al cambio.

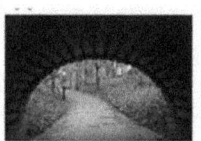

Resultados:

La verdad / realidad habla
La conciencia emocional
Sanación de los recuerdos
El dolor se procesa

Facilita el crecimiento y la curación

Resultados:

Las emociones negativas hablar / controlar
Entumecimiento de corazón
Los recuerdos reprimidos
Pena estancado ciclo de

Detiene el crecimiento y la curación

© atg/dcg

Los reinos del mundo operan a través de un sistema de juicio y autoridad. Esto destruye el proceso de crecimiento y la curación. Que nos enseña Jesús sobre ese sistema en Marcos 10:42-45?

___

El Reino de Dios opera a través de un sistema de evaluación. Esto facilita la curación y el crecimiento. Que nos enseña Mateo 7:15-20 acerca de ese proceso?

___

Evaluacion

"DIOS ES MI AMIGO Y SANADOR"

Abba Padre nos ve a través de los ojos de la evaluación, ver a nuestros lugares de dolor como los posibles lugares de reunión para la comodidad y la curación.

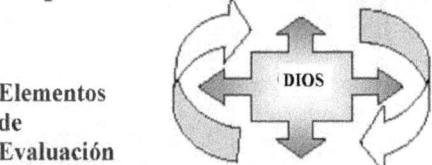

Elementos de Evaluación

1. Asigna valor a la gente porque llevan la imagen de Dios en el interior - ya sea con Jesús o sin él.

2. Opera a través de la elección del amor del corazón, la confianza, la comunidad y la seguridad mutua.

3. Usos potenciales y la relación de motivar; Espíritu Santo guió, sirviendo basado; fin Unido.

4. Lo que una persona hace los flujos de quien se están convirtiendo.

5. La debilidad y los errores se espera que los elementos de aprendizaje.

6. Abba Padre base, la relación centrada.

7. Acceptanc y aprobación se centran en el amor incondicional e inagotable de Dios, todos son iguales.

Sentencia

"DIOS ES UN HOMBRE MEDIO, ESPERANDO A QUE YO FALLO"

Nos vemos a nosotros mismos a través de los ojos de la sentencia, ver a nuestros lugares de dolor como los lugares de posible rechazo, desaprobación y rechazo definitivo de Dios.

Elementos de Sentencia

1. Asigna valor a las personas sobre la base de la belleza, éxito, éxito, salud, inteligencia y habilidad.

2. Opera a través de un mentalidad de autoridad, jerarquía, politicismo, las tradiciones religiosas y la organización institucional.

3. Utiliza el miedo para motivar, es impulsado por Desempeño, para hombre.

4. Qué hace una persona sea más importante que lo que son.

5. La debilidad y los errores disminuyen el valor / que una persona es inaceptable.

6. Basado en el hombre; Reglas centrado.

7. El rechazo y la desaprobación de aquellos que son diferentes que el grupo común.

© DCG/ATG

Tenga en cuenta los contrastes entre los sistemas de fijación en el Reino de Dios, y los sistemas de Sentencia en los reinos del mundo en la tabla anterior. ¿Qué conceptos son nuevos para usted? Escribirlas aquí.

_____

_____

_____

¿Cómo se liberó el proceso de evaluación? _____

¿Cómo funciona el proceso de Juicio oprimir y esclavizar?_____

Cada Hombre y Mujer debe Elegir El Día a Día de la Orden

ANTES DE LA CAIDA / DESPUES DE LA REDENCIÓN

Flujo de la Vida y Orden de Comportamiento

Espíritu Santo
guia
Espiritu del Hombre/Mujer
guia
Voluntad del Hombre/Mujer
guia
Pensamientos del Hombre/Mujer
guia
Emociones del Hombre/Mujer
guia
Apetitos del Hombre/ Mujer

DESPUES DE LA CAIDA / ANTES DE LA REDENCIÓN

Modelo de Comportamiento y Destructivo e Impulsado

Apetitos del Hombre/ Mujer
Empuja
Emociones del Hombre/Mujer
Empuja
Pensamientos del Hombre / Mujer
Empuja
Voluntad del Hombre / Mujer
Empuja
Espiritu del Hombre/Mujer
Exprime el
Espiritu Santo

Adan

Parte Dos

Patrón de Dios para Todas las Relaciones Humanas

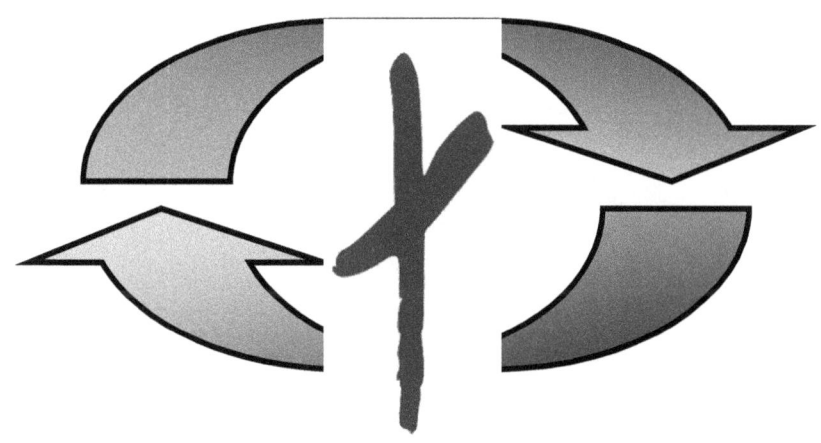

Patrón de Dios para Todas las Relaciones Humanas – Estudio Uno
La Relación Más Importante de Todos

1. Cuando un estudiante desea estudiar cualquier tema, la mejor práctica es investigar, estudiar la fuente del concepto investigado. Así que cuando comenzamos a estudiar la idea de las relaciones, la mejor manera es entender que Dios Padre es el autor de la idea de las relaciones. De hecho, nuestro Dios es uno y trino, o de tres partes: Padre, Hijo y Espíritu Santo. Y, estas tres partes operan en completa unidad y comunión; separado y único, sin embargo, uno. Lee los siguientes Escrituras. ¿De qué manera la verdad que enseñan se refieren a usted?

I Juan 5: 7-8 _____

_____

Mateo 3: 16-17 _____

Juan 10: 30-36 _____

Génesis 1:26 _____

_____

2. Cuando elegimos convertirnos en discípulos de Jesucristo, también estamos optando por seguir su patrón, de cómo vivir y tratar a los demás en nuestras relaciones. Cuando esta elección se hace de todo corazón, los resultados afectarán directamente a la forma de pensar y del comportamiento hacia nosotros mismos y hacia otros. Patrones de comportamiento y pensamiento que no son como el de Cristo, serán abandonados a medida que crecemos en la madurez espiritual. Lee los siguientes Escrituras. ¿De qué manera la verdad que enseñan se refieren a usted?

II Corintios 5: 7 _____

Efesios 4: 21-24 _____

_____

Efesios 5: 1-2 _____

_____

3. Así como Dios es tri-uno, los seres humanos están conformados por tres partes también. Los seres humanos son creados en:

    a) Cuerpo - la vasija (ver, oír, tocar, oler, gustar)
    b) Alma - la parte invisible, consciente de este reino (lo que elegimos, lo que pensamos, y lo que vemos).
    c) Espíritu -. la parte invisible, consciente del reino eterno (comunión, la intuición y la conciencia)

Las tres partes de un ser humano son vitales para nuestro crecimiento como discípulos de Jesucristo. Dios quiere que nos relacionemos con Él en todas las áreas de nuestra experiencia de vida. Lee los siguientes Escrituras. ¿De qué manera la verdad que enseñan con respecto a este concepto se relacionan con su propia vida?

I Tesalonicenses 5:23 _____

_____

4. Cuando nacemos de nuevo, eligiendo convertirse en discípulos de Jesucristo, experimentamos el comienzo de la vida eterna en nuestro espíritu. (Mala elección de Adán al pecar en Génesis 2-3, causó a toda persona nacida después de él, el nacer "muertos en delitos y pecados.)

Ver Efesios 2: 1-5.
_____

Jesucristo llegó a ofrecer la única oportunidad para que la humanidad una vez más, experimentara la vida espiritual. Por eso Jesús hace referencia a esta experiencia como "nacer de nuevo.

Véase Juan 3: 1-17.) _____

Cuando elegimos ser discípulos de Jesús, nuestro espíritu humano se hace vivo de nuevo. (Véase I Corintios 15: 21-22). ¿Qué significa este concepto para usted?

_____

_____

5. La elección de convertirse y nacer de nuevo es en realidad el comienzo de un gran proceso de adopción de Dios Padre. Llegamos a ser hijos e hijas de Dios. (Juan 1:12) Esta decisión marca el lugar a partir del aprendizaje de un nuevo discípulo en proceso de nuestro creador de la relación, y lo que significa en la cultura de su Reino. Lea Efesios 3: 14-21 y Romanos 8: 1-17. ¿Cómo ayuda este pasaje a entender el proceso de Dios?

_____

_____

_____

Considere lo siguiente:

¿Ha elegido convertirse en un discípulo de Jesucristo? Si no es así, ore en este momento, y pídale que se convierta en su rey y salvador. Comprométase a convertirse en su seguidor, permitiendo que el Espíritu Santo forme su patrón de vivir en usted; en su espíritu, alma y cuerpo.
Porque él es el autor de la idea de las relaciones, es que no podemos experimentar la felicidad, plenitud, o relaciones sanas con otras personas hasta que entramos en relación con Dios. ¿Dónde le gustaría experimentar relaciones más profundas y satisfactorias en su vida? Escribe una oración con respecto a esa esperanza y petición aquí.

_____

_____

_____

_____

_____

Patrón de Dios para Todas las Relaciones Humanas – Estudio Dos
¿Cuál es la Naturaleza de mi Padre Celestial?

1. ¿Sabía usted? Todo lo que una persona hace en la vida, ya sea en relación o actitud, se deriva de la comprensión personal de la persona de Dios. De hecho, la opinión de una persona de su propio ser se basa también en ese mismo entendimiento. Leer Lucas 6: 44-45. ¿Qué dice acerca de dónde mis acciones y palabras vienen?

_____

¿Esta Escritura indica que el carácter de una persona tiene algo que ver con el tipo de sus acciones?

_____

2. ¿Qué es más importante para Dios - lo que hacemos, o lo que somos en nuestros corazones? Leer I Samuel 16: 7

_____

3. ¿Qué es lo que Gálatas 5: 19-26 nos enseña acerca de dónde vienen las acciones y actitudes amables y consideradas? ¿De dónde provienen las palabras y acciones egoístas y poco amables?

_____

_____

4. ¿Cómo las siguientes Escrituras nos enseñan acerca de la actitud del Padre Dios hacia las personas que todavía no están en relación con él?

Romanos 5: 6-8 _____

II Pedro 3: 9 _____

Tito 3: 3-5 _____

5. ¿Qué es lo que estas Escrituras nos enseñan acerca de cómo actúa Dios Padre hacia aquellos que no están en relación con él?

Salmo 103: 1-14 _____

_____

Tito 3: 3-6 _____

6. Ahora, en la comprensión de la naturaleza de nuestro Dios, es importante darse cuenta de esto: una experiencia auténtica en relación con Dios afectará el concepto de su propia vida y el propio valor personal. ¿Qué tienen estas Escrituras que nos enseñan acerca de la naturaleza de nuestro Dios?

I Juan 4: 7-12 _____

_____

Romanos 12: 1-2 _____

_____

Lucas 6: 27-34 _____

_____

Juan 10:10 _____

7. ¿Cambia Dios? Ver Hebreos 13: 8 _____

Dice mentiras? Véase Números 23:19 _____

¿Utiliza nuestros errores en contra de nosotros mismos?

Salmo 103: 11-12 _____

¿Cuál es su naturaleza? Ver I Juan 4: 7-8 _____

Patrón de Dios para Todas las Relaciones Humanas – Estudio Tres
¿Cómo el Creador, nuestro Padre Celestial, me ve?

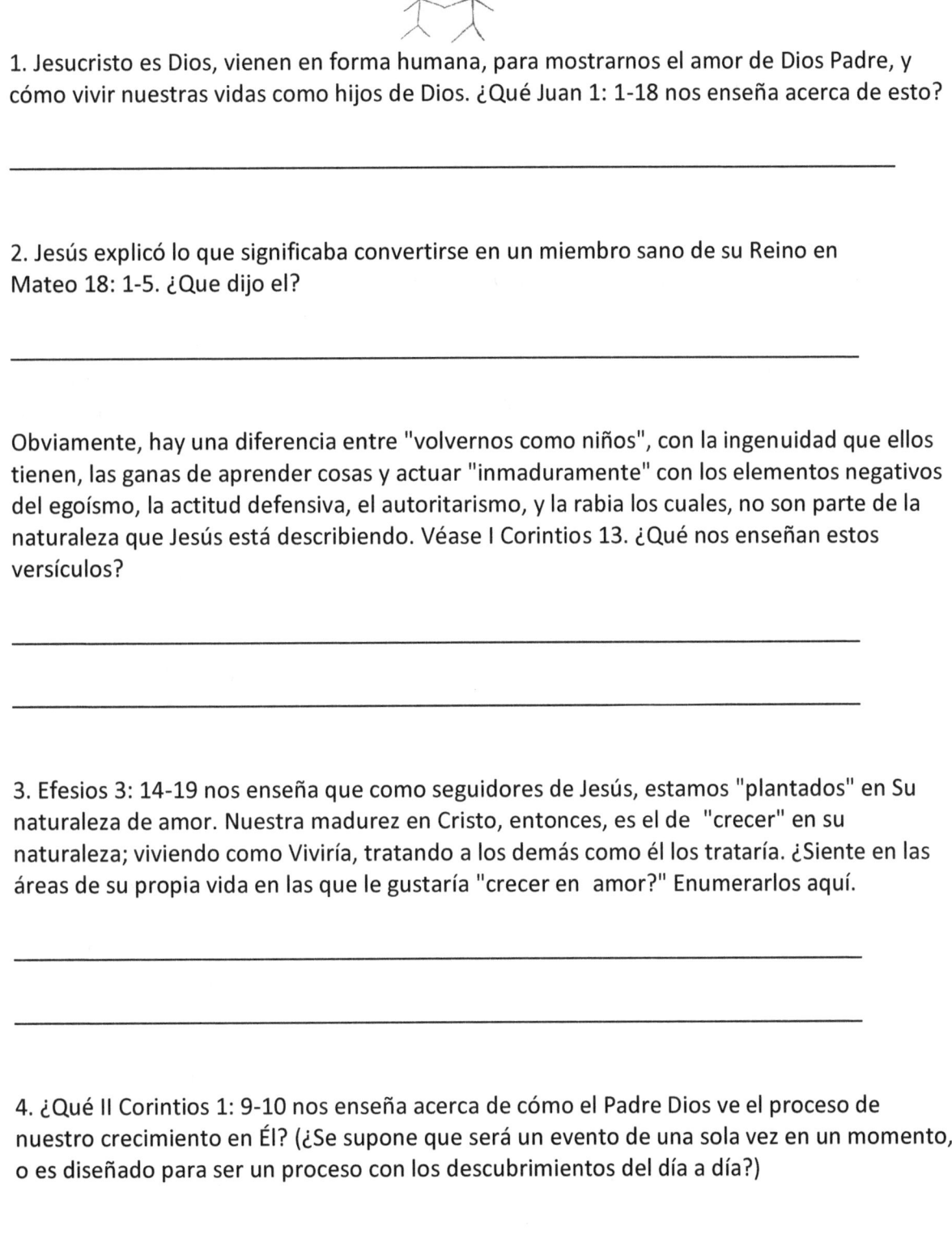

1. Jesucristo es Dios, vienen en forma humana, para mostrarnos el amor de Dios Padre, y cómo vivir nuestras vidas como hijos de Dios. ¿Qué Juan 1: 1-18 nos enseña acerca de esto?

_____

2. Jesús explicó lo que significaba convertirse en un miembro sano de su Reino en Mateo 18: 1-5. ¿Que dijo el?

_____

Obviamente, hay una diferencia entre "volvernos como niños", con la ingenuidad que ellos tienen, las ganas de aprender cosas y actuar "inmaduramente" con los elementos negativos del egoísmo, la actitud defensiva, el autoritarismo, y la rabia los cuales, no son parte de la naturaleza que Jesús está describiendo. Véase I Corintios 13. ¿Qué nos enseñan estos versículos?

_____

_____

3. Efesios 3: 14-19 nos enseña que como seguidores de Jesús, estamos "plantados" en Su naturaleza de amor. Nuestra madurez en Cristo, entonces, es el de "crecer" en su naturaleza; viviendo como Viviría, tratando a los demás como él los trataría. ¿Siente en las áreas de su propia vida en las que le gustaría "crecer en amor?" Enumerarlos aquí.

_____

_____

4. ¿Qué II Corintios 1: 9-10 nos enseña acerca de cómo el Padre Dios ve el proceso de nuestro crecimiento en Él? (¿Se supone que será un evento de una sola vez en un momento, o es diseñado para ser un proceso con los descubrimientos del día a día?)

_____

5. Por lo tanto, en base a lo que hemos estudiado hasta ahora; ¿Cuánto de su vida Dios Padre ama?

Nada ------→---------→----- Sólo la parte sin pecado -----→--------→--------Todo de mi vida

¿Cuánto le perdonan? Ver I Juan 1: 9-10

_____

Nota: para recibir el perdón y la limpieza diaria, por favor darse cuenta de que el reconocimiento personal de mal comportamiento, la humildad y la confesión son necesarias.

6. Cuando el Padre Dios nos mira, ve nuestra vida entera (pasado, presente y futuro - incluso nuestras experiencias dolorosas), como una contribución parte para nuestro desarrollo como miembros vivos y vitales de su Reino. Escribir lo que estas Escrituras nos enseñan.

Jeremías 1: 5 _____

Salmo 51: 5-17 _____

Jeremías 29:11 _____

Romanos 8:28 _____

Considerar:

Padre Dios creó a cada uno de nosotros. Él es el único que sabe cómo curar los daños causados por el enemigo en nuestras vidas antes de que elegimos confiar en él completamente. Él ama todo nuestro ser, y cura todo nuestro ser. Esas piezas curadas de nosotros, entonces se convierten en áreas donde somos capaces de ayudar a otros que también están necesitando el estímulo y la curación. (Véase II Corintios 2: 3-4)

Patrón de Dios para Todas las Relaciones Humanas – Estudio Cuatro
Una Parte Afecta a Todas las Partes

1. Cuando pasamos a formar parte del Reino de Dios, es importante que nos demos cuenta que como individuos, somos cada uno una parte individual de un conjunto más amplio.

Somos parte de la Casa de Dios. Ver I Pedro 2:5 _____

Somos parte del Cuerpo de Cristo. Ver Romanos 12:4-6 _____

Somos parte de un sacerdocio, y una nación santa. Ver I Pedro 2:9-10 _____

Somos sus hijos. Ver Efesios 5:1-2 _____

Estamos a su rebaño. Ver Salmo 100:3 _____

3. En todas las ilustraciones parabólica enumerados anteriormente, cada parte es vital e importante. Cada parte contribuye al conjunto, ya sea directa o indirectamente. Por lo tanto, si tenemos en cuenta la importancia de las relaciones en el Reino de Dios, es importante que veamos a cada persona como vital y valiosa. Esto puede ser un reto, especialmente en lo que se refiere a las personas que no se llevan bien con. Por favor, busque Romanos 12:8. Hacer un comentario aquí.

_____

4. Dado que todos los discípulos de Jesús se consideran partes de un todo mucho más grande, es importante que también nosotros, como individuos, nos demos cuenta de que Dios no divide las partes de nuestro ser humano de su diseño. Él ama a la totalidad de cada uno de nosotros. Véase Juan 3:1 y Romanos 8:37-39. Estas Escrituras nos enseñan que Dios no puede separar su amor por nosotros a partir de las partes de nuestras vidas que lucha por llevar a la obediencia a su Palabra.

_____

_____

5. Al decir esto, es importante que nos demos cuenta de cómo se siente Dios sobre cada uno de nosotros. Busque cada uno de los siguientes pasajes y anote lo que se aprende de ese verso.

Romanos 2:11 _____

Deuteronomio 10:17 _____

Proverbios 22: 2 _____

Estos versículos indican que Dios no tiene favoritos. Él no rechaza algunas personas, ya que no están a la altura de sus normas, o bendicen a algunas personas, que de alguna manera hayan nacido con una estrella de buena suerte.

1. Esto significa que Dios no se refiere a nosotros en base a nuestra importancia o estatus a los ojos de otras personas.

    Ver Jeremías 9:23-24 _____

    Mateo 19:24 _____

    Romanos 3:23_____

    Juan 14 6 _____

2. Dios nos atrae con su bondad, no con el temor al juicio.

    Ver Jeremías 31: 3 _____

    Tito 3: 3-5 _____

Considerar:

En la comprensión de estos versos, es importante darse cuenta de que estamos llamados a tratar a los demás como Dios nos trata. Vamos a empezar a hablar de los patrones culturales y de vida que nos impide vivir en obediencia a estas verdades como discípulos de Jesucristo.

Patrón de Dios para Todas las Relaciones Humanas – Estudio Cinco
Desarrollo Emocional y la Madurez Espiritual

Cuando elegimos seguir a Cristo, el Espíritu Santo comienza el proceso gradual de la santificación. Esto es algo que Dios hace en la vida de cada creyente. También es una obra de un discípulo y debe elegir a cooperar con. La santificación es una obra íntima, tranquila que hace el Señor. Sentimos su empujón para detener ciertos comportamientos o su punzada suave para comenzar una nueva forma de pensar. Este proceso gradual implica el cambio, así como llegar a la madurez emocional en la forma en que vivimos nuestras vidas.

Por desgracia, cuando una persona no responde a formación de este ministerio del Espíritu Santo en obediencia, esa persona también experimentara un retraso en su crecimiento espiritual. Esta detención del crecimiento y el flujo pasa porque la persona ha tanto afligido y resistieron a la voz del Espíritu Santo. (Véase I Tesalonicenses 5:19 y Efesios 4:30.)

_____

_____

1. En Mateo 13:1-23, Jesús contó la parábola de un sembrador que salió a sembrar sus semillas. Más tarde, en el mismo pasaje, explica el simbolismo de la parábola que había compartido. En esta parábola, que compara la condición del corazón de una persona a la condición del suelo de la parábola, y las cantidades de cultivos cosechados o no cosechadas a partir de ese suelo en particular. Por favor, lea esta parábola, y la lista de los tipos de suelo que Jesús describe aquí.

1._____ 2._____

3._____ 4._____

2. En términos de crecimiento y desarrollo, el término "corazón" la Biblia se refiere a la capacidad interna de una persona para relacionarse y responder a los demás. Esta es también conocida como EQ, o Inteligencia Emocional. Las habilidades de comunicación y la empatía son parte de la ecuación también. La fuerza y la salud de la capacidad de una persona para mantener a las opciones y los compromisos son también parte del corazón. Por favor, consultar las siguientes Escrituras, y tomar nota de lo que la madurez emocional se describe en cada uno.

Efesios 4: 29-32 _____

Mateo 7:12 _____

*"Porque también Cristo murió por los pecados una sola vez,
el justo por los injustos, para llevarnos a Dios,
muerto en la carne pero vivificado en el Espíritu…"*
I Pedro 3:18

Antes de que elegimos para convertirnos en discípulos de Jesucristo, somos naturalmente, centrado en nosotros mismos. Eso significa que nuestras opciones de vida tienden a moverse en órbita alrededor de nuestros propios deseos y necesidades. Cuando llegamos a ser discípulos, nuestras vidas continúan moviéndose en órbita, pero el centro de esa orbita cambia Cristo, y sus deseos para nuestras vidas.

Las Opciones de órbita:
Intercambio Sistemas de Valores de Dios para mis ideas
Al Comparar la Reflexión de los Valores Personales

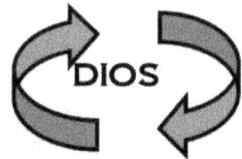  

(Basado en la relació interna con el Santo Espíritu / obediencia Abrir / Profundidad del Alma)	*(Basado en la aprobación de otras personas/ asegurar mi mismo a través de la tarea y el rendimiento/ apertura condicional)*	*(Basado en el sentido personal de comodidad y satisfacción Conjuntos de términos/superficial cerrados)*
<u>"Siervo de Mente"</u> (kinosis) Filipenses 2 Ejemplo	<u>"La Supervivencia de Mente"</u> (de protección) Escudando/Cuidado/ Se puede controlar	<u>"Egoísta Mente"</u> Ciegos/Inconsciente/Opera solo/Se puede exigir y controlar
1. Discípulo Intencional	1. Pasiva, necesitados	1. Estoico, no tiene ninguna necesidad.
2. Basado en amor (Agape)	2. Basado en el miedo (reaccionaria, a la defensiva)	2. Orgullo basada (insensible)
3. Opera dentro de los límites de la relación / valores de los demás	3. Opera dentro de los límites debidos a El miedo al rechazo / desaprobación / juicio	3. Los valores límites cuando de acuerdo con la propia opinion
4. Valoramos otros porque cada persona lleva la imagen de Dios dentro de sí mismos, ya sea positiva o negativamente.	4. Valoramos a los demás cuando contribuiyen a nuestro propio sentido de ser útil, nos convertimos es necesario / esencial.	4. Valoramos otros cuando están de acuerdo con nuestra opinion; cuando se refuerzan nuestros propios patrones de defensa.
5. Medimos nuestro valor por lo que Dios ha dicho sobre nosotros.	5. Medimos nuestro valor por la respuestas de los demás.	5. Medimos nuestro propio valor por lo cómodo que somos.
6. Nuestro trato con los demás se basa en la ética descrito en la Palabra de Dios.	6. Nuestro trato con los demás es sobre la base de opinión relativa, y nuestra seguridad personal.	6. Nuestro trato con los demás se basa en nuestra propia deseos, metas y necesidades.
7. Vivimos por los absolutos, con el deseo de comunicar la naturaleza de Dios y la comodidad con otros.	7. Vivimos por los absolutos relativos, con el deseo de ser afirmados y alentados.	7. Vivimos por la absolutos relativos, con el deseo de hacer como nuestros lo dictar.

Cuando Dios está en el centro de nuestra vida órbita, lo que es importante para El se convierte en importante para nosotros.

Patrón de Dios para Todas las Relaciones Humanas – Estudio Seis
El Aprendizaje en Honor a los Niveles de Relaciones

1. Jesucristo tenía un método de tratar con la gente durante su ministerio en la tierra. Sirve como un ejemplo para nosotros de cómo el Padre Dios quiere ver que tratemos a la gente durante nuestras propias vidas. La Biblia nos dice que Jesús tenía niveles diferentes de relaciones: algunas personas eran más fieles y confiable que otros. Busquen los pasajes a continuación y considere el gráfico proporcionado.

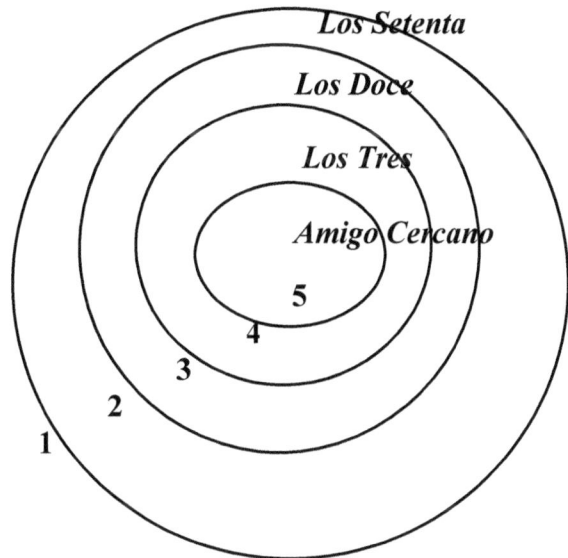

El ministró a las multitudes. Ver Mateo 14: 13-21

El ministró a los setenta. Véase Lucas 10: 1-2

El ministró a los doce. Véase Lucas 9: 1-2

El ministró a los tres. Ver Marcos 9: 2

Tenía un amigo cercano en Juan.
Véase Juan 21: 20-23

¿Qué observa acerca de estos niveles de relación bíblica de la vida terrenal de Cristo?

_____

Tenga en cuenta los siguientes: **Niveles de Relaciones y Comunicación** (Ver tabla al final de esta lección.)
1. **Los Conocidos** (se refieren a la gente: - las que conocemos a nivel de superficie)
2. **Las Relaciones en Común de la Comunidad** (se refieren a los Setenta - los que vemos sobre una base regular, pero sólo conversación o relación con han limitado)
3. **Amigos** (se refieren a los Doce - los que vemos sobre una base regular, que observan y nosotros sabemos más de nivel de la superficie Compartimos nuestros valores y emociones con estas personas.).
4. **Amigos Cercanos** (referido a los tres -.. Los que conocemos y sabemos nosotros, que se sienten libres de hacer preguntas y compartir en cualquier tema que comparten nuestras preocupaciones y sueños con estas personas)
5. **Amigos Intimos** (relacionado con Juan el Apóstol - alguien en quien confiamos por completo, que es de confianza y fiable)

1. Como nuestro ejemplo Divina, Cristo nos mostró que es una práctica saludable cuando elegimos invertir emocionalmente a nosotros mismos solamente en relaciones con las personas que son emocionalmente seguras en la relación. [Una relación segura es aquella donde la confianza se mantiene sagrado y no ha sido violada; la honestidad y la transparencia son valores de la vida; la comunicación es más positiva que negativa (la crítica, la sospecha y la burla son negativos); y la bondad es una norma de comportamiento.]

Para entender mejor este principio de vida, considere los siguientes pasajes y tomar nota de sus observaciones:

Proverbios 12:26 _____

Proverbios 22:24 _____

Proverbios 11:13 _____

Proverbios 20:19 _____

Proverbios 17:17 _____

Proverbios 27:17 _____

II Timoteo 3: 1-5 _____

Mateo 10: 32-39 _____

Juan 2: 22-25 _____

Haga una lista de las relaciones que usted mantiene actualmente en su vida en el momento presente. Después de hacerlo, considerar cada persona, y proporcionar a cada uno con un nivel de relación, utilizando el sistema de numeración de la parte inferior de la página anterior.

Niveles de Comunicación y Relaciónes

Realm tangible

Imagen basada

Centrado y enfocado sobre TAREA Y ACCIONES –
La aprobación se extrae de LOGRO

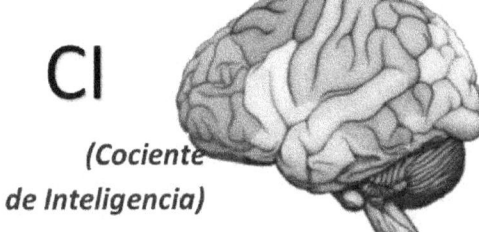

CI

(Cociente de Inteligencia)

1. Los clichés (sin riesgo) Conocidos

2. Datos (bajo riesgo) - Comunidad Común

El Muro de Autoprotección (Construido de miedo y/o el orgullo; Tanto = Control)

Mundo invisible

PERCEPCION y/o VERDAD basada

Centrado y enfocado sobre RELACIÓN Y SER –
La aprobación se extrae de CONEXIÓN Y LA COMUNIDAD

CE

(Cociente emocional)

3. Hombres — Valores y Principios
   Mujeres - Moral y Sentimentos
   (Amigos)

4. Anhelos y Necesidades *(Esperanzas/ sueños)* — (Amigos Cercanos)

CI & CI *La Línea de la Auto-Menos Elección* (Un paso de la voluntad de convertirse en un sirviente)

(Mente y Corazón)

Centrados y enfocados en lo que DICE DIOS –
La aprobación se extrae de COMUNIÓN Y PRESENCIA DE DIOS

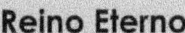

5. **Core/Niño Interior**
   (Los temores) — (Intimate friend/spouse)

Reino Eterno

OBEDIENCIA basada

© dcg/atg

Patrón de Dios para Todas las Relaciones Humanas – Estudio Siete
Crece a Través de la Resolución de Conflictos

1. Las relaciones pueden ser estresante a veces. De hecho, muchas veces, las emociones humanas pueden llegar a ser tan fuerte y negativa, que nos vemos tentados a alejarse de alguien que hemos compartido con la historia. Este tipo de estrés es más conocido como conflicto.

¿Sabías? No hay crecimiento en cualquier área de la vida puede ocurrir sin un cierto grado de conflicto. La dificultad en conflicto, no es el conflicto mismo. La dificultad es el problema de la sensación de que no estamos preparados para manejar el desacuerdo, o la dificultad en frente de nosotros. Cuando sabemos qué hacer en cualquier situación o relación dada, no hay ninguna dificultad. El problema para la mayoría de nosotros, es que nunca fuimos entrenados, ni mostraron un ejemplo de la forma saludable de manejar los desacuerdos.

Aquí hay algunas reglas relacionales para recordar cuando se trata de conflictos:

a. Existen diferentes perspectivas en el conflicto. Una perspectiva de por sí es una comprensión incompleta de la emisión. _____ Proverbios 18:17

_____

b. Cada perspectiva necesita ser escuchada en Para que la relación sana para tomar lugar. Nadie perspectiva debe ser permitido u obligado a tener el control. _____ Proverbios 11: 4

_____

d. Las relaciones entre las personas involucrados son más importantes que la desacuerdo o preocupación por la mano. _____ Proverbios 18: 15-16

_____

e. Es más importante escuchar y entender
cuando se está en medio de un conflicto,   Romanos 12:10
lo que es para ser escuchado y comprendido. Si usted   II Corintios 13:11
establecer la comprensión como su objetivo, y el otro
persona tiene el mismo objetivo que usted lo hace, el conflicto _____
se disolverá por sí mismo.

_____

f. No hable de un tema de conflicto cuando   Efesios 4: 29-32
está enojado. Si no se puede resolver entre el   James 1: 19-20
dos, invitar a un mediador para ayudar
sana comunicación suceda. _____

_____

g. Mantenga su comunicación sobre el tema en cuestión
mano. No reunir "más munición", por lo   Proverbios 19:11
no se pierde. No hay ganar o perder en
conflicto - sólo el dolor. _____

_____

h. Afirmar que la otra persona de su cuidado y preocupación   Hebreos 3:13
en el medio de la discusión. Pide a Dios que
darle claridad. _____

_____

i. Averiguar: ¿Cuál es la única cosa que ayudaría
la persona que está en conflicto con, al sentir   Filipenses 2: 3-4
sus intereses y necesidades son importantes para usted?
(El cuidar sobre ellos de esta manera, no significa
sus propias esperanzas y necesidades necesitan ser puestos
a un lado.)

_____

_____

1. Se nos dice que ser honestos con nosotros mismos, en nuestros propios corazones. ¿Qué hace el Salmo 51: 6 y 7
   ¿Enséñanos?
   _____

2. Se nos enseña a decir la verdad en el amor en todas nuestras relaciones. ¿Qué Efesios 4: 14-16 nos enseña? _____

3. Cuando pecamos, ¿cómo podemos reparar nuestra relación con Dios? Lo que hace I Juan 1: 9-10 enseña ¿nos?

   _____ Esto es conocido como arrepentimiento y el perdón. (En griego, la palabra "arrepentirse" significa "dar la vuelta/a pensar diferente.")

4. Cuando estamos mal en las relaciones con otras personas, como discípulos, se nos instruye a seguir los mismos principios relacionales. En primer lugar, nos enfrentamos a nuestro propio orgullo, que se niega a admitir que podría haber cometido un error. Cuando estamos tratando con la gente, estamos llamados a reparar esas relaciones también. Esto se hace con el arrepentimiento y el perdón también. ¿Qué Mateo 5: 23-25 nos enseña?

   _____

   Efesios 4:32 _____

   Hebreos 12:14 _____

   Lucas 17: 3 _____

   I Pedro 4: 8 _____

El Significado Espiritual de una Disculpa

"Cuando lleguen allí, quitarán de ella todas sus cosas detestables y todas sus abominaciones. Yo les daré un solo corazón y pondré un espíritu nuevo dentro de ellos. Y quitaré de su carne el corazón de piedra y les daré un corazón de carne, para que anden en mis estatutos, guarden mis ordenanzas y los cumplan. Entonces serán mi pueblo y yo seré su Dios." Ezequiel 11:18-20

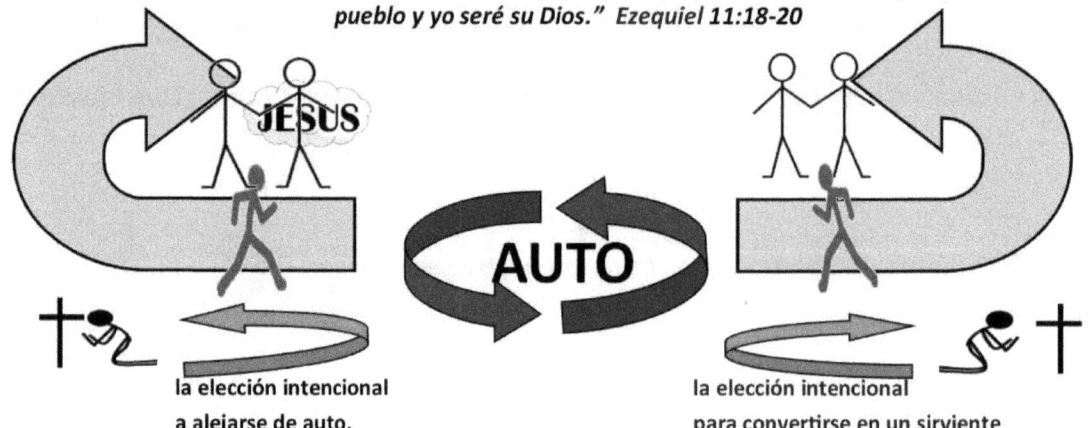

la elección intencional a alejarse de auto.

la elección intencional para convertirse en un sirviente

El Arrepentimiento Vertical (Reino invisible)

El Arrepentimiento Horizontal (Lo visible)

Cuatro Declaraciones en la Disculpa saludable
Disculpas sanos son esenciales en la construcción de relaciones

Nota: Una verdadera disculpa se ofrece si la otra persona está dispuesta a corresponder o no. Además, una verdadera disculpa no se sostiene en elementos de "lo haré si se quiere." Cuando nos arrepentimos a otra persona, lo hacemos por el bien de la relación, porque sentimos delante de Dios es lo que hay que hacer.

1. "Lo siento."
Tomamos la propiedad de nuestro pesar, y expresamos nuestro pesar por nuestras acciones / palabras a la persona que ha experimentado dolor en la relación.

2. "Me equivoque."
Reconocemos nuestra falta de perfección, y nos comunicamos que hemos cometido un error en la relación. Para llevar esto a su nivel más saludable / más profundo, el "yo estaba mal comunicado" debe incluir también el territorio relacional violó. Por ejemplo: "Me equivoqué al hablar con usted de esa manera," o "Me equivoqué al avergonzarte delante de sus amigos."

3. "¿Me perdonas, por favor?"
Expresamos nuestro deseo de continuar la relación, mediante la solicitud de perdón. Cuando lo hacemos, nos damos cuenta de que la otra persona no requiere de inmediato que nos libere de la infracción. En los casos de herida más profunda, la capacidad de perdonar podría tomar tiempo para que la persona a descuba. Si tratamos de pedir disculpas sin perdón teniendo lugar, creamos un cortocircuito en la relación aguenas que sea totalmente unilateral; evitamos el verdadero trabajo de relacionarse bien - evitar el conflicto inevitable. Cuando pedimos perdón, es una buena práctica añadir la instancia al final de la pregunta así. Como "¿Por favor perdóname por el envío de esa señal? Nunca quisiera Herirle de esa manera atra vez, aún sin intención."

4. ¿Qué puedo hacer para hacer las cosas bien entre nosotros? "
Esta declaración establece una base para el trabajo de curación de la restitución a tener lugar. Cuando tomamos la propiedad de nuestros errores en la relación, que buscan la reconciliación y la restauración, por lo general se requerirá de un corto período de re-construcción de confianza con la persona que le hemos hecho daño. Este proceso toma tiempo y esfuerzo.

***Cada uno de estos cuatro elementos deben estar presentes en una disculpa,
o una relación de confianza brecha se mantendrá en la capacidad de relacionarse.***

©dcg/atg

Patrón de Dios para Todas las Relaciones Humanas – Estudio Ocho
El Don de la Personalidad

Hay muchos elementos a la práctica de la Vida relacional. En esta lección, vamos a hablar de uno de de uno los más vitalesl tener en cuenta cuando se trabaja con otros.

1. **Personalidad** - Cada persona en el planeta Tierra es un producto de sus experiencias y relaciones. Cada uno de nosotros nacemos con tendencias, ya presentes dentro de nuestras líneas familiares. Por ejemplo, si un hombre tiene una gran habilidad en la música, es muy posible que al menos uno de sus hijos también experimentará esa habilidad. Nuestra colocación en una familia (el orden de nacimiento) también afecta a nuestra visión del mundo y de la personalidad. He aquí un resumen de los cuatro estilos de personalidad básica. Por favor, conteste las preguntas, para descubrir qué números en la escala proporcionan la mejor descripción de su propia personalidad. ¿Qué significan las siguientes Escrituras nos enseñan acerca de la personalidad? I Corinthians 12:12

Salmo 104: 24 _____

Génesis 1:27 _____

Salmo 139: 14 _____

"G.E.MA.S." Evaluación del Perfil de la Personalidad

Por favor haga un círculo 0, 1, 2, 3, 4, 5, or 6 cada siguiente declaración a continuación, afirmación usando la siguiente tabla:

0 = nada   1 = Rara vez   2 = de vez en cuando
3 = algunas veces   4 = a menudo   5 = casi siempre
6 = siempre

1. Nunca puedo entender porque la gente no usa el sentido común. 0 1 2 3 4 5 6 (G)

2. Yo estoy en lo mejor de mí cuando puedo trabajar con otros en un ambiente divertido. 0 1 2 3 4 5 6 (M)

3. La gente que me conoce, dice que soy una bola continua de energía 0 1 2 3 4 5 6 (M

4. Cuando yo soy amiga de alguien, yo debería ser leal no importa lo que sea. 0 1 2 3 4 5 6 (E)

5. Me gusta pensar en las cosas terminadas antes de comenzar el projecto. 0 1 2 3 4 5 6 (S)

6. Me gusta hablar lo que pienso, independientemente de las consecuencias. 0 1 2 3 4 5 6 (G)

7. Me gusta echar chistes y contar historias divertidas. 0 1 2 3 4 5 6 (M)

8. Yo trato de evitar conflicto siempre que sea posible. 0 1 2 3 4 5 6 (E)(S)

9. Me gusta investigar y analizar detalles. 0 1 2 3 4 5 6 (S)

10. Yo pienso que la gente debería saber que hacer en una emergencia. 0 1 2 3 4 5 6 (G)(S)

11. Las reglas mantienen a todos seguros, y hacen las cosas justas. 0 1 2 3 4 5 6 (E)

12. Yo creo que expontaneidad es importante; y previene el aburrimiento. 0 1 2 3 4 5 6 (M)

13. Yo prefiero trabajar solo que con otros. 0 1 2 3 4 5 6 (G)(S)

14. Yo trato de dar apoyo a aquellos en mi ciículo de influencia. 0 1 2 3 4 5 6 (E)

15. Yo detesto ser usada, o tener a alguien que tome ventaja de mí. 0 1 2 3 4 5 6 (G)

16. Algunas veces me siento tan desorganizada.   0 1 2 3 4 5 6   (M)

17. Cuando yo soy herida, tiendo a retirarme.   0 1 2 3 4 5 6   (E)

18. Yo pienso que las reglas y los límites deberían ser cuestionados.   0 1 2 3 4 5 6   (G)

19. Cuando yo estoy en desacuerdo con alguien, necesito clarificar.   0 1 2 3 4 5 6   (S)

20. Cuando yo estoy en un grupo, tiendo a estar callada.   0 1 2 3 4 5 6   (E)

21. Tiendo a ser persistente.   0 1 2 3 4 5 6   (G)(S)

22. Me han dicho que tengo un sentido del humor seco.   0 1 2 3 4 5 6   (E)

23. Yo no se porqué alguna gente tiene que ser tan práctica.   0 1 2 3 4 5 6   (M)

24. Yo lucho con sospecha algunas veces.   0 1 2 3 4 5 6   (S)

25. Yo me siento apenada por gente que son heridas. Yo quiero ayudar.   0 1 2 3 4 5 6   (E)(M)

26. Yo tiendo a sentir profundo, y mantengo relaciones donde invierto totalmente.   0 1 2 3 4 5 6   (E)

27. Yo estoy orgullosa de ser una persona confiable.   0 1 2 3 4 5 6   (E)

28. Tiendo a ser perfeccionista.   0 1 2 3 4 5 6   (S)

29. Yo tiendo a ser decisiva y orientada a las metas.   0 1 2 3 4 5 6   (G)

30. Es duro trabajo para mí concentrarme en solo una cosa.   0 1 2 3 4 5 6   (M)

31. Yo tiendo a tomar el cargo cuando otros se quedan atrás.   0 1 2 3 4 5 6   (G)

32. Es muy importante para mí ser entendida.   0 1 2 3 4 5 6   (E)(S)

33. Yo me siento herida cuando me pasan por alto.   0 1 2 3 4 5 6   (M)

35. Yo pienso que debo ser recompensada cuando alcanzo una meta.   0 1 2 3 4 5 6   (G)

36. La vida debería ser divertida.   0 1 2 3 4 5 6   (M)

37. Yo necesito tener respeto de otros en una relación.   0 1 2 3 4 5 6   (G)(M)

38. Yo estoy usualmente en lo correcto.   0 1 2 3 4 5 6   (G)

39. Yo necesito saber que tengo libertad para tomar mis propias decisiones.   0 1 2 3 4 5 6   (S)

40. Es importante para mí saber que otros me aceptan.   0 1 2 3 4 5 6 (E)(M)

41. Yo preferiría recibir respeto de otros que aprobación.   0 1 2 3 4 5 6 (G)(E)

42. Yo necesito sentirme cerca, e íntima con la gente que me interesa.   0 1 2 3 4 5 6   (S)

43. Cuando la gente ignora mis esfuerzos, o no los nota, me lastima.   0 1 2 3 4 5 6   (S)

44. Es importante que la gente tenga una meta, o nada será hecho.   0 1 2 3 4 5 6   (G)

45. Yo deseo que la gente controle sus actitudes y su ira.   0 1 2 3 4 5 6   (E)

46. Yo tengo la tendencia a preocuparme.   0 1 2 3 4 5 6 (E)(S)

47. Yo tiendo a alejarme a un lugar tranquilo sin gente para recargarme.   0 1 2 3 4 5 6   (S)

48. Yo odio estar sola.   0 1 2 3 4 5 6   (M)

49. Es duro herir mis sentimientos.   0 1 2 3 4 5 6 (M)(G)

50. Yo batallo con inseguridad en situaciones sociales.   0 1 2 3 4 5 6   (S)

51. El Conflicto me pone nerviosa.   0 1 2 3 4 5 6 (E)(S)

52. Otros me consideran ser una persona sociable.   0 1 2 3 4 5 6 (G)(M)

53. Cuando una situación se pone muy seria o intensa, yo la calmo.   0 1 2 3 4 5 6   (M)

54. Yo me siento cómoda poniendo límites a gente exigente.   0 1 2 3 4 5 6   (G)

55. Yo me siento incómoda con cambios que suceden rápidamente.   0 1 2 3 4 5 6   (E)

Por favor cuente su total aquí. Para preguntas que tienen dos letras seguidas al indicador, añada los puntos a la cuenta por ambas letras.

G ____   E ____   M ____(a) S ____

Las secciones de más alta puntuación indican su estilo de personalidad más prevaleciente. Vea las siguientes páginas para ayudarla a entender lo que cada estilo de personalidad significa. Para una evaluación más detallada, vea las Herramientas de Descubrimiento Personal GEMaS, por Debbye Graafsma. Las evaluaciones de GEMaS ayudan a descifrar Dones, Fortalecimiento, Valores de Madurez y Servicio. Está disponible en amazon.com, lulu.com y a través de awakenedtogrow.com.

Personalidad Evaluación Perfil

1. Al mirar la tecla perfil GEMaS en la página anterior, por favor transfiera sus totales aquí.

G_____   E_____   Ma_____   S_____

Complete el siguiente gráfico. Conectar los puntos para determinar su combinación personal.

G tanteo	indicatores	E tanteo	indicatores	M(a) tanteo	Indicatores	S tanteo	Indicatores
Aguila Dorada		Paloma Esmeralda		Pingüinos Macarrone		Solitario Tejedor Africano	
96	Franco, aventurero, dominante, exigente	96	Más pasivo, paciente, fidelísima previsible	96	Impulsivo Emocional, muy persuasivo	96	Perfeccionistas, temeroso, precisa, diplomático
86		86		86		86	
84	Arriesgado, aventurero, competitivo, rápido, seguro	84	Posesiva, inactiva, Relajado, sereno	84	Confiada, alegre autobombo	84	Sistemáticos, estándares altos, tradicional
73		73		73		73	
72	Decisivo, curioso, perspicaz	72	Cuidado, se esconde la emoción, en apariencia amigable	72	Agradable, informal, ama la compañía	72	Analítico, refrenado, fácilmente heridos
61		61		61		61	
60	Autosuficiente, cierto	60	No es imprudente, disposición sin prisas, agradable	60	Fácil ponerse de acuerdo Generoso Cuidando	60	Madura, muy sensible
49		49		49		49	
48	Autocrítico Piensa las cosas a través	48	Extrovertida, muy social, visible emoción	48	Convence el argumento, discierne, observa	48	Difícil de alcanzar, no afectada por las opiniones de otros, confiado
37		37		37		37	
36	Modesto, sobrio Realista	36	Activa, vigilante, impaciente, ansioso	36	Retiene la emoción, modesto, tímido	36	Autosuficiente, pertinaz, dispuestos a perseverar, crítico
26		26		26		26	
24	Conservador Calma y tranquilidad muy controlada	24	Tendencia a criticar, inquieto, impulsivo	24	Sospechoso, espera lo peor, distante	24	Terco, no se cambia fácilmente y autogestionado (arbitraria)
13		13		13		13	
12	Inseguro Tímido dependiente	12	Espontánea, ocupado, rápida, deseos variedad	12	Distante en simpatía, autoconsciente, reservado	12	Desafiante, falta de tacto, sarcástico, resistente a la autoridad o estructura, oponiéndose de control
0		0		0		0	

De mayor número de número más bajo, que las letras están por encima de la "línea de emergencia" en el medio? Escribir esas cartas aquí. _____ Esta es la Combinación de la Personalidad del día a día.

"G.E.Ma.S." Evaluación de Perfiles de Personalidad

G -Aguila Dorada

Aguilas Doradas, *reconocidas como líderes en el mundo de las rapaces, son pájaros solitarios, viviendo en áreas de pastizales. Sus nidos son construidos de ramitas, formados en un cuenco, en altas elevaciones como en una cornisa de barranco o un árbol alto. Diferente a otras águilas, las Doradas no comeran carroña a menos que no sea encontrada otra fuente de comida. Esto las hace extremadamente saludables como rapaces. Las Aguilas Doradas son ferozmente territoriales, muy persistentes, y singularmente enfocadas. En la enseñanza de sus jóvenes a volar, ellas practicarán una caída/agarrada/llevada alto/repiten el patrón, hasta que la cría es capaz de permanecer en vuelo. Ellas se aparejan de por vida. Ellas son las rapaces más grandes, con una extensión de alas hasta de 7 pies. Los nuevos polluelos encubados son cubiertos con plumas suaves de blanco puro.*

E —Paloma Esmeralda

Palomas Esmeralda, *reconocidas como criaturas leales y sociales, vuelan en apretada formación durante la estación de crianza, en una hermosa exhibición colectiva. Estos pájaros son comprometidos y confiables. Ellas forman bandadas, y son muy calmadas y gentiles en naturaleza.. Ellas evitan atmósferas concurridas, y apacigüan su pareja y sus jóvenes con un suave sonido "cooing". Ellas pueden sobrevivir en desiertos como también en ambientes urbanos. Ellas son capaces de comer el 20% de su peso en un día, , almacenando semilla hasta que la puedan digerir más tarde. Ellas pueden vivir hasta 30 años. La mayoría de las manadas de ésta especie siguen un predecible y repetido patrón en su patrón de vida. Las Palomas Esmeralda usualmente están individuales, en pares o grupos pequeños. Ellas son bien terrestres, a menudo buscando por frutas caídos en la tierra y pasan poco tiempo en árboles excepto cuando duermen.*

M – Pingüinos Macarrone

Pingüinos Macarrones, son *reconocidos como amantes de la diversión y energéticos. Ellos pueden vivir hasta 20 años. Son encontrados al sur de la línea del Ecuador, y aunque tienden a habitar islas y masas de tierra remotas que son libres de predadores, estos pequeños amigos pasan tanto como el 75% de sus vidas en el mar. Ellos no vuelan, pero cuando nadan, sus alas aletean debajo del agua, así como otros pájaros en el aire. A los Pingüinos les gusta jugar; "tobogán" sobre sus barrigas en colinas de hielo o nieve. Los Pingüinos se comunican vocalizando y ejecutando conductas físicas llamadas "exhibiciones". Ellos usan muchas exhibiciones vocales y visuales para comunicar territorios anidados e información de pareja. Ellos también usan exhibiciones en pareja y reconocimiento de polluelos, y en defensa en contra de intrusos. Los Pingüinos son muy conscientes de mantener sus plumas cubiertas de aceites personales, y ellos las limpian continuamente.*

S – Solitario Tejedor Africano

Los Solitarios Tejedores Africanos son considerados creativos y orientados al detalle. Ellos están entre los mejores pájaros arquitectos del mundo. *Un gran nido lleno de hierba usualmente contiene varias habitaciones, donde el pájaro entra por debajo. El tejedor reviste las ramas delanteras del nido y el nido en sí, de ramitas espinosas como defensa en contra de los predadores. El Solitario tejedor, diferente a otros en esta especie, tiende a aislarse de otros. Ellos trabajan creativa y continuamente, construyendo múltiples nidos en una sola estación de reproducción. El macho es coloreado brillantemente, usualmente en rojo o amarillo y negro. Se les ha dado el nombre de Tejedores, por sus elaborados nidos tejidos. Los materiales usados para construir sus nidos incluyen fibras de hojas finas, pasto y ramitas.*

Por favor, mirar por encima de las tablas en las siguientes páginas. Tome nota de las cualidades de la personalidad que se describen con mayor precisión. Asegúrese de ver los puntos fuertes y débiles, ya que todos en el planeta se ocupa de las cualidades de ambos extremos del espectro. Los puntos débiles son las cualidades que todos utilizamos para proteger las áreas cerradas de nuestros corazones, mientras Puntos fuertes son indicios de la salud y la voluntad de actuar abiertamente en nuestras relaciones.

G	E	Ma	S
Aguila Dorada 	**Paloma Esmeralda** 	**Pingüino Macarrón** 	**Tejedor Solitario** 
Fortalezas(abiertas) *Nace líder, dinámico, activo, trabaja bien con cambio, debe corregir las equivocaciones, fuerte fuerza de voluntad, decisivo, no gobernado por emociones, confidente, organizado, no es desanimado fácilmente, independiente, delega bien, manejado por metas, estimula a otros, no teme a la oposición, motiva a otros, usualmente está correcto, sobresale en emergencias, se mueve rápidamente para la acción. Se recarga solo.*	**Fortalezas(abiertas)** *Tranquilo, & relajado, calmado, sereno, y dueño de sí mismo, paciente, bien balanceado, consistente en la vida, quieto pero chistoso, simpático, gentil, Mantiene emociones escondidas, felizmente reconciliado a la vida, persona de todo propósito, competente y sensato, pacífico, agradable, habilidad administrativa, evita conflictos, encuentra la forma fácil, toma tiempo para otros, no está en apuro, toma lo bueno con lo malo, no se molesta fácilmente, fácil de llevarse bien, placentero y deleitable, inofensivo, buen oidor, sentido del humor seco, disfruta mirar la gente, tiene muchos amigos tiene compasión y preocupación, leal, confiable*	**Fortalezas (abiertas)** *Atractivo, buen contador de historias, buen sentido del humor, memoria para el color, vida de la fiesta, mantiene la atención, emocional, demostrativo, curioso, alerta, inocente, bueno en el escenario, disposición cambiable, vive para el presente, siempre un niño, muy sincero, hace de su casa diversión, torna desastre en humor, "maestro del circo," hace amigos fácilmente, ama la gente, se edifica con cumplidos, voluntario de Buena gana, tiene energía y entusiasmo, inspira a otros a ingresar, cautiva a otros a trabajar, creativo y lleno de color, se disculpa rápidamente, le gusta la expontaneidad, no guarda rencores.*	**Fortalezas(abiertas)** *Profundo y pensativo, serio, analítico, determinado, propenso a ser genio, diseñador, creativo, filosófico, poético, sensible a otros, autosacrifica, consciente, idealista, orientado a la agenda, fija altos standards, consciente de detalles, persistente y minucioso, ordenado, organizado, económico, solucionador, dirigido a terminar, le gusta hacer gráficos, limpia lo de otros, le gusta bien hechas las cosas, anima a las becas, hace amigos cautelosamente, contento de estar en Segundo plano, evita llamar la atención, fiel y devoto, escuchará, profunda preocupación por otros, busca el compañero ideal.*
Necesita ser respetado. Teme ser usado o que tomen ventaja. En comunicación: necesita que la otra persona " llegue al punto".	Necesita ser incluido. Teme perder su sentido de seguridad. En comunicación: necesita que la otra persona "saque el enojo de ella; sea agradable ccnmigo."	Necesitan ser oídos y Confirmados Teme el rídiculo y ser dejado solo. En comunicación; necesita saber que son oídos y entendidos	Necesita ser apreciado y animado. Teme crítica y rechazo. En comunicación; pone gran peso en palabras; necesita seguridad

G	E	Ma	S
Aguila Dorada 	**Paloma Esmeralda** 	**Pingüino Macarrón** 	**Tejedor Solitario** 
Elementos Barreras Orgullo, Indisponibilidad emocional, Tendencia hacia el narcisismo.	*Elementos Barreras* Rechazo, Temor, Tendencia hacia la co-dependencia.	*Elementos Barreras* Orgullo, Indisponibilidad emocional. Tendencia hacia adicciones/ co-dependencia.	*Elementos Barreras* Temor, Emociones Negativas, Tendencia hacia el aislamiento/ Narcisismo.
Debilidades(Cerrado) Mandón, impaciente, temperamento-rápido, no puede relajarse, impetuoso, disfruta discutir, no se rendirá cuando pierde, viene con demasiada fuerza, no es complementario, inflexible, le desagrada las emociones/lágrimas, no es tolerante con errores, antipático, demanda lealtad, puede ser rudo,/sin tacto, tiende a dominar, muy ocupado para la familia, de respuestas rápidas, no deja a otros relajarse, usa a otros, sabe todo, decide por otros, puede hacer todo" mejor ", es muy independiente, posesivo, no se disculpa, debe estar en lo correcto, pero no es popular.	**Debilidades(Cerrado)** Sin entusiasmo, temeroso y preocupado, indeciso, evita responsabilidad, calladamente terco, egoísta, muy tímido, se retira, se cree justo, no orientado a las metas, falta de motivación, duro de que se mueva, resiente ser presionado, perezoso y descuidado, desanima a otros, prefiere mirar, descuidado en disciplina, no organiza, toma todo muy fácil,, se mantiene sin involucrarse, no es emocionante, indiferente a planes, juzga a otros, sarcástico y bromista, se resiste al cambio.	**Debilidades(Cerrado)** Hablador compulsivo, exagera, habita en la trivialidad, olvida detalles, ahuyenta a otros, muy feliz, energía alborotada, egoísta, se enoja fácilmente, bravatas / quejas, parece hipócrita, nunca crece, olvida obligaciones, no termina, indisciplinado, prioridades fuera de orden, distraído fácilmente, desorganizado, no escucha toda la historia, odia estar solo, necesita el centro del escenario, popular, busca crédito, domina las conversaciones, interrumpe y no escucha, responde por otros, hace excusas, repite historias, inconstante, mantiene la casa en histeria, decide por sentimientos, confidencia se desvanece rápido.	**Debilidades(Cerrado)** Recuerda lo negativo, Temperamental y depresivo, Disfruta ser herido, tiene falsa humildad, fuera en otro mundo, auto imagen, tiene oído selectivo, centrado en sí mismo, introspectivo, sentimientos de culpa, complejo de persecución, tiende a la hipocondría, no orientado a la gente, deprimido por imperfecciones, escoje trabajo difícil, indeciso de empezar proyectos, pasa mucho tiempo planeando, prefiere análisis trabajando, duro de complacer, se auto desprecia, sin afecto,, standards/expectativas son muy altas, profunda necesidad por aprobación, pone metas fuera de alcance, desanima a otros, muy meticuloso, llega a ser mártir, malhumorado por desacuerdos, vive a través de otros, socialmente inseguro, retirado y remoto, crítico, sospechoso no le gustan los que están en oposición, antagónico, vengativo, dudoso de los cumplidos, lleno de contradicciones.

Como la Personalidad se mezcla en las Relaciones

Extrovertido y basado en actividad | **Extrovertido y basado en actividad**

"Yo te dirijo para que lo tengas hecho"

"Aguila Dorada"
"Conductor"
"Colérico"
"León"

DECISIVO
LIDER

Motivado por: hacer elecciones, buscando como esto beneficia sus metas personales.

"Tengamos diversión mientras lo tenemos hecho."

"Pingüino Macarrón"
"Inspirador"
"Sanguíneo"
"Nutria"

HABLADOR
DIVERSION

Motivado por: oportunidades sociales, actividad, habilidad para compartir pensamientos.

CONFLICTO

Estilos orientados a tareas | **Estilos orientados a relaciones.**

"Tejedor Solitario"
"Consciente"
"Melancólico"
"Castor"

PENSADOR
TRABAJADOR, ANALITICO

"Debe ser hecho bien, y planeado bien."

Introvertido y Basado en Seguridad

Motivado por: entendiendo los "porqués," Afirmación y ánimo.

"Paloma Esmeralda"
"Estable"
"Flemático"
"Perro Perdiguero"

LEAL
TEMPERAMENTO PAREJO

"No te preocupes. Lo vamos a tener hecho."

Introvertido y Estacionado

Motivado por: consistencia, ve beneficiar a otros; como servir a metas comunes.

Comparaciones - Un Carnal Creyente a un Discípulo Intencional

Entonces Jesús dijo a sus discípulos: Si alguno quiere venir en pos de mí, niéguese a sí mismo, tome su cruz y sígame. Porque el que quiera salvar su vida, la perderá; pero el que pierda su vida por causa de mí, la hallará. Mateo 16:24-25

Vida Prueba de Tornasol Interior para Acercarse a la Vida Diaria

"Es mi pasión por Jesús que lo más importante en mi vida? " ¿Esta la Presencia de Dios llenado y rodeando mi vida hoy?"

Vida Prueba de Tornasol Interior para Acercarse a la Vida Diaria

"Si estoy feliz, cómodo, y estoy de acuerdo con mi estación, entonces todo en mi vida es bueno. No se requiere ningún crecimiento o cambio."

Un Carnal Creyente

1. Quiere resolver las cosas sin ayuda; tiene que aparecer "bien"
2. Hablará de la intención, sin seguimiento o continuidad
3. Aborrece; cuando se la corrige no hace ningun cabio; resentido
4. Interiormente enojado cuando percibe ove no es perfecto
5. Resiste el consejo separa en contra y es rechazado por la verdad difícil / duro
6. Tiene que ser persuadido y aplacado antes de que ocurra un acuerdo
7. Ve a sí mismo como una excepción
8. Se centra en el estado y la justicia/ No se disculpa / nunca se equivoca
9. Dice por qué la verdad no se aplica en su situación
10. Culpa a otros o las circunstancias por su propia falta de cambio o crecimiento
11. Se siente enojado y ofendido por un reto para cambiar
12. No puede expresar vulnerabilidad. Siente que ha de impresionar a los demás.
13. Se niega a admitir la necesidad de ayuda, argumenta en la defensiva personale.
14. No persigue el desarrollo debido a auto-satisfacción es el foco de la vida búsqueda
15. Relaciones ocurren en la base del estado, la imagen y el apetito carnal
16. La meta personal es evitar el conflicto y satisfacer deseos personales
17. Debe tener una imagen / máscara como la reputación; cueros o altera la verdad
18. La obediencia se estancó porque confian en sí mismos.
19. Mantiene la imagen con las expectativas religiosas

Un Disculpo Intencional

1. Hace preguntas a los lideres para aplicar las verdades a las luchas
2. Sigue a travésde la intención, aún a costo personal.
3. Pide, y se aplica la corrección
4. Admite abiertamente imperfecciones, y pide ayuda para crecer
5. Se aplica la verdad difícil; alinea con consejo
6. Ve la necesidad personal de crecer; diálogo sucede sin argumento
7. Se ve a sí mismos como parte de un todo
8. Pasos en fila sin una postura
9. Da la bienvenida y aplica la verdad
10. Acepta la responsabilidad personal
11. Escoge / da la bienvenida a los desafíos de cambiar. Estos desafíos representan crecimiento
12. Es intencionalmente vulnerable y honesto con los maestros y mentores
13. Se da cuenta de la necesidad de ayuda en todos los niveles
14. Desarrollo es perseguido. El Espiritu Santo es el foco de la vida búsqueda
15. Relaciones suceden sobre la base de conexión espiritual y la vida espiritual
16. La meta personal es crecer "en la madurez de la plenitud de Cristo."
17. Debe tener la obediencia al Espíritu Santo como la reputación
18. La obediencia sucede porque confian
19. Experiencias relación con Dios Padre

© atg/dcg

Parte Tres

Patrón de Dios para Matrimonio Relaciones Humanas

Patrón de Dios para el
Matrimonio las Relaciones Humanas – Estudio Uno
Constructores Sabios Comienza con una Base Sólida

1. En el Reino de Cristo, una relación matrimonial retrata una promesa, incluso entre aquellos que todavía no son discípulos de Jesucristo. E incluso subconciously, cada ser humano es consciente de esa promesa. En todas las culturas, el hallazgo de un socio de la unión, y la ceremonia siguiente, ilustra la existencia del verdadero amor incondicional y aceptación. Es importante darse cuenta de que cada ser humano es creado con el entendimiento inconsciente de que un matrimonio entre un hombre y una mujer es una invitación a volver al Jardín del Edén antes de la entrada del pecado. Es por eso que la gente instintivamente esperan una relación matrimonial para proporcionar un cumplimiento alegre y feliz por el resto de nuestra vida. Las Escrituras representan esta anticipación en varios lugares. Lee las Escrituras a continuación y tomar nota de lo que descubra.

   Cantares 8: 6-7 _____

   Proverbios 18:22 _____

2. Como discípulos, sabemos que las Escrituras enseñan que una relación matrimonial está diseñado por Dios para proporcionar una imagen de Jesucristo y su novia. Por favor, lea Efesios 5: 28-32 y escriba lo que aprende.

   _____

   _____

   _____

3. Un matrimonio no se construye durante la noche. Se necesita trabajo, trabajo emocional difícil, tanto del hombre y la mujer. Se necesita tiempo, tiempo invertido, desde ambos lados. Cuando el proceso es un éxito, el resultado será un ambiente seguro y saludable. No habrá ningún resentimiento ni amargura, la competencia o la dominación. El resultado será una especie ambiente lleno de alegría sana. La relación matrimonial crece y se desarrolla, al igual que el hombre, la mujer, y cada uno de los niños. Tenga en cuenta: Es imposible tener un ambiente lleno de amor sin la esencia del amor, que es Dios. Lea las siguientes Escrituras y tomar nota de lo que cada uno enseña a continuación.

Salmo 127 _____

Salmo 103: 17-18 _____

Marcos 10: 16-19 _____

Salmo 128 _____

4. ¿Qué dijo Jesús sobre el proceso de construcción? Por favor, comentar sobre lo siguiente:

Lucas 14: 28-34 _____

Mateo 7: 24-27 _____

5. Dado que, el propósito del matrimonio es visto como un proceso progresivo, y no puede tener éxito sin ese punto de vista, vamos a utilizar el ejemplo de la construcción de una casa como nuestra base para entender los procesos de Dios en la construcción de una relación de matrimonio, así como la construcción de una casa .

Con el fin de construir una casa que va a durar, debe colocarse la base segura. ¿Qué nos enseñan estos versículos sobre esa base?

I Corintios 3:10-11 _____

II Corintios 6:14-15 _____

Patrón de Dios para el Matrimonio las Relaciones Humanas – Estudio Dos
El Cordón de Tres Dobleces.

1. En nuestro mundo, nuestros tesoros son un medio de intercambio. Con nuestro dinero, compramos y obtenemos las cosas que necesitamos para vivir. En el Reino de Dios, sin embargo, nuestro dinero y el estado no significan nada. No podemos ganar nuestro camino, o mejor nuestro carácter mediante la obtención de más tesoros terrenales. ¿Qué significan las siguientes Escrituras, que nos enseñan?

   Mateo 6:19-21 _____

   De hecho, los tesoros de este mundo se consideran nada más que los materiales de construcción en el Reino de Cristo.

   Apocalipsis 21:19-21 _____

2. Si ese es el caso, entonces, ¿qué considera Dios para ser sus tesoros? Considere las siguientes Escrituras:

   Colosenses 2: 1-4 _____

   II Corintios 4: 6-7 _____

   Malaquías 3: 16-18 _____

   Isaías 33: 6 _____

   Jeremías 51: 6 _____

   Salmo 17: 14-15 _____

   Salmo 135: 4 _____

3. Los tesoros del Reino de Cristo son completamente diferentes que los de este mundo. Son eternos. Como tal, es importante darse cuenta de que los tesoros del Reino son personas. Dios coloca a las personas en nuestras vidas como regalos. Y, la forma en que administramos esos dones, por nuestro tratamiento, o maltrato, será parte de lo que damos cuenta a Dios de. Cada uno de nosotros debe elegir si seremos constructores del Reino o destructores Del Reino.

   Hechos 20:32 _____

   Judas 1:20 _____

   I Tesalonicenses 5: 10-12 _____

4. Ahora, todas las relaciones en el planeta entre dos personas es visto por Dios como teniendo tres participantes. Dios es un miembro sin ser visto en todas las relaciones; incluso esas relaciones entre los incrédulos. (Cada persona en el planeta fue creado a la imagen de Dios - si la persona lleva esa imagen así, lo que representa el Creador, o lleva esa imagen poco Recuerde: La gente del reino se da cuenta de que el tesoro del Reino es la gente.).

   I Corintios 5: 9-11 _____

   Efesios 6: 7-8 _____

   Eclesiastés 4: 11-12 _____

   Mateo 18:20 _____

5. El hecho de que las personas son tesoros para Dios, significa que Dios está invertido personalmente en todas las relaciones que cada uno de nosotros estamos involucrados actualmente en, y nunca han estado involucrados en, en el planeta. Cuando no estamos seguros de cómo tratar a los demás, El está allí, en medio de la relación, listo para ayudar. Esto es especialmente cierto en una relación matrimonial. Su cónyuge es un regalo de Dios en su vida. Así que tener en cuenta: las actitudes que desarrollamos, las palabras que elegimos, las acciones que tomamos; cada uno contribuye a la manera en que nos relacionamos con otras personas. ¿Qué significan los siguientes versículos que nos enseñan?

   Filipenses 2: 3-4 _____

   Efesios 4: 28-32 _____

   I Juan 4: 7-8 _____

Patrón de Dios para el
Matrimonio las Relaciones Humanas – Estudio Tres
Lo que un Matrimonio Significa en los Ojos de Dios

1. En la comprensión de las culturas del mundo, el matrimonio se define como: *"una unión que reconoce legalmente y / o formalmente la unión de un hombre y una mujer como socios en una relación."*

En el Reino de Cristo, una relación matrimonial representa mucho más. Está diseñado para ser exactamente lo que nuestros instintos creados nos dicen que es: una representación y un recordatorio de el orden creado en el Jardín del Edén, antes de que Adán y la elección de Eva de desobedecer. Antes pecado entró en el planeta. *(Jesús se refirió a este entendimiento cuando enseñó acerca de tener actitudes correctas en una relación matrimonial en Mateo 19: 8).*

Cuando consideramos la huella del Creador en cada uno de nosotros como Su creación, podemos reconocer nuestra necesidad de la comunidad y la relación. Si tenemos en cuenta su participación en toda relación humana en la tierra, que tiene el poder de cambiar nuestro punto de vista con respecto a las personas en nuestras vidas. Esto absolutamente nos debe causar que entendamos nuestra responsabilidad de cuidar bien nuestras relaciones, tratando a todo el mundo (especialmente nuestra pareja) con la misericordia, amor y respeto de Dios. Por favor revise las siguientes Escrituras para obtener una perspectiva en las relaciones íntimas de la vida.

Efesios 4: 2-3 _____

Juan 13: 3-4 _____

Romanos 12:10 _____

Juan 15:12-13 _____

2. Cuando un hombre y una mujer se casan, es el plan de Dios que comienzan una nueva y separada identidad. El marido es instruido para dejar a su padre y a su madre, y se unirá a su mujer.

En la cultura bíblica, se entendió que la esposa haría lo mismo. En las siguientes Escrituras, las palabras "salir" y "unirse" tienen significados compuestos. Que significa "dejar ir", "dejar atrás" o "para salir." La implicación incluye no sólo física partiendo de una casa de sus padres, sino también a cesar la práctica de la dependencia, y la mayoría de las veces, la influencia (es decir, controlar). Por favor lea lo siguiente y tomar nota de lo que enseñan.

Marcos 10: 6-9 _____

Mateo 19: 4-6 _____

Génesis 2: 21-25 _____

Efesios 5: 29-31 _____

3. Como discípulos de Jesús, estamos llamados a vivir de acuerdo a la cultura del Reino de Cristo. En el Reino de Cristo, el matrimonio está diseñado para proporcionar una representación de la imagen completa de Dios; Adán - el hombre y la mujer juntos como uno solo. Y, como tal, la relación matrimonial está destinada por Dios para dar una explicación viva de cómo Él ama y se refiere a su creación.

En un matrimonio Unido, el hombre es considerado como el iniciador, lo que significa que se crea por primera vez. Debido a esto, que está llamado a ser el que dé, el primer paso en la relación. Él es visto como el cuidador y protector de los que se preocupa por. Como iniciador y líder, el hombre ha sido bendecido con la capacidad de ver las cosas con más objetividad, entenderlos de manera más lógica. Él es capaz de compartimentar sus circunstancias y relaciones. Estas cualidades se mencionan en las Escrituras como "la cabeza." ¿Qué significan las siguientes Escrituras que nos enseñan?

I Timoteo 2:13 _____

I Corintios 11: 3 _____

4. Dado que el matrimonio está diseñado para representar la imagen completa de Dios, es importante que nos demos cuenta de los papeles del hombre y la mujer. En la cultura del Reino de Cristo, la mujer es vista como el Servicio de respuesta, lo que significa que se ha creado en respuesta a la necesidad del hombre para un acompañante. (Ver Génesis 2:18). Esto no hace que sea subordinada o menos valiosa que el hombre de ninguna manera. Tampoco era la intención de Dios para producir una baja categoría para la comodidad del hombre, la facilidad o la satisfacción sexual. Este punto de vista de la mujer comenzó después de que el pecado entró en el planeta, y no era parte del diseño original. (Ver Génesis 3:16).

Antes del pecado, la mujer era vista como un respondedor, debido a su capacidad de percibir y moverse de forma intuitiva. Ella fue bendecido con la capacidad de cuidar, para que diese hijos y los amamantara, hiciera tareas múltiples, y viera las cosas subjetivamente, entiende más emocional e intuitivamente. Ella es capaz de relacionar las circunstancias y las relaciones, sintiendo su conexión y el destino común. Ella normalmente no compartimenta. Estas cualidades se mencionan en las Escrituras como "la esposa." ¿Qué significan las siguientes Escrituras que nos enseñan?

Proverebs 18:22 _____

Proverbios 14: 1_____

Juan 4: 15-19 _____

Patrón de Dios para el Matrimonio las Relaciones Humanas – Estudio Cuatro
La Pregunta de Sumisión

1. Después de que el pecado entró en el planeta, la cultura del mundo comenzó a influir en las personas. Uno de los principales problemas derivados de la presencia del pecado fue la naturaleza de la carne, y su capacidad de influir en nuestras acciones y reacciones. Uno de los resultados más extendidas de El poder del pecado se ve en el acto de un ser humano que domina otro. Este acto nunca fue parte del plan de Dios. Lea las siguientes Escrituras, y tome nota de lo que enseñan.

   I Pedro 5: 2-3 _____

   Mateo 20:25-26 _____

   Marcos 10: 2-45 _____

2. La palabra Griega, "hypotasso" se utiliza en los manuscritos originales de las Escrituras. En la mayoría de las versiones de la Escritura, "hypotasso" se traduce a la palabra "someter" o "sumisión."

   En la cultura del mundo, esta palabra lleva la idea de sometimiento y una persona que tiene poder y autoridad sobre otra. Pero el término griego no lleva ese significado en absoluto. En su lugar, la palabra "hypotasso," es un término militar. Es una palabra descriptiva, proporcionando una imagen de la posición de un soldado en posición de batalla. En términos simples, "hypotasso" significa "permanecer en fila, y obedecer órdenes." Se trata de una acción voluntaria que no puede ser forzada. En lo que respecta a los militares, el término también se refiere a que el soldado debe proteger al soldado que está a cada lado; que nos proporciona una imagen del poder de la comunidad.

Estudiar los siguientes pasajes y tomar nota de cómo se usa la palabra "someter" o "sumisión" hacia todos los creyentes en lo que se refiere al Cuerpo de Cristo y el matrimonio.

a. Santiago 4: 7 (instrucciones para ser la respuesta de todos los discípulos de Cristo)

_____

b. I Pedro 5: 5-7 (instrucciones de ser la respuesta de los creyentes más jóvenes hacia los creyentes de más edad)

_____

c. I Corintios 16: 25-26 (instruido para ser la respuesta de los discípulos hacia los que sirven a Cristo en el ministerio)

_____

d. I Pedro 2: 13-20 y Colosenses 3; 22-25 (instruido para ser la respuesta de los empleados hacia los empleadores desagradables)

_____

e. Romanos 13: 1-8 y Tito 3: 1-2 (instruido para ser la respuesta de todos los discípulos hacia las autoridades civiles)

_____

3. Jesús nos dio el ejemplo máximo de presentación. Echa un vistazo a los siguientes versos:

Filipenses 2: 1-16 _____

Juan 10: 11-15 _____

Efesios 5: 1 _____

4. En un matrimonio Unido, este vertido previo de Fundación de sumisión mutua y comunitaria proporciona un ambiente de confianza, de amor, de compromiso y de respeto mutuo. En cada una de las siguientes Escrituras, las mujeres casadas se les da instrucciones en cuanto a cómo manejar el concepto de ceder a la dirección divina de sus maridos. Lee los siguientes pasajes y tomar notas de lo que descubra.

a. Efesios 5: 21-24 (esposas se les instruye a someterse a sus maridos (no todos los hombres), ya que sus maridos se someten a Cristo.)

_____

b. Colosenses 3:18 (esposas se les instruye a someterse a sus maridos (no todos los hombres). De una manera que agrada a Cristo.)

_____

_____

c. I Pedro 3: 1-6 (esposas se les instruye para ser sumisas a sus maridos (no todos hombres) Las esposas de los maridos que no creen en la Palabra de Dios se les instruye para vivir una vida tranquila y de ejemplo, según Dios, ganando maridos para Cristo por su estilo de vida y las respuestas amables.)

_____

_____

5. Es interesante señalar aquí, que en el Antiguo Testamento, así, las Escrituras indican una asociación de igualdad entre Abraham y Sarai. La palabra hebrea "Baal" se usa muchas veces para referirse a un marido en el Antiguo Testamento. Significa "amo y señor". Sin embargo, también se utiliza en Génesis 20: 3 en su forma femenina, para describir un incidente cuando Sarai se convirtió en la líder en su relación con Abraham.

Y, sin embargo, a pesar de que llevó la relación en ese verso, I Pedro 3 se refiere a Sarai relativa a Abraham como su líder, así. Por lo tanto, el modelo bíblico es uno de aprecio mutuo y la asociación. Escriba sus observaciones a continuación.

Génesis 20: 3 _____

I Pedro 3: 5-6 _____

6. En cada pasaje con respecto al Reino Unido del matrimonio, en las escrituras las esposas abordan en primer lugar, y luego se refiere a los maridos. Los estudios superficiales, basados en las culturas del mundo, han dado lugar a un error muy fácilmente de interpretar a primera vista. ¿Las Escrituras requieren que las esposas sean sumisas cuando su marido está viviendo de forma independiente y se niega a ceder a Dios?

¡De ningún modo! De hecho, este concepto es uno nacido en la mente de los hombres que ven a las mujeres como menos valiosas que los hombres. Es crucial recordar que en un matrimonio Unido, el hombre se da la mayor responsabilidad. Él se encargó de recordar no sólo la llamada a la sumisión mutua, (presentar como un hermano en Cristo a su esposa a veces). También es llamado a caminar en obediencia al Espíritu Santo, que muestra la naturaleza de Jesús a su esposa e hijos. Lee los siguientes pasajes y tomar nota de lo que nos enseñan.

a. Efesios 5:21-33 (maridos se instruye a que amen a sus esposas, que establece su propia vida para vivir el amor de Cristo para la iglesia Son aferrarse a su esposa, en lugar de su familia de origen. El amor que da a su mujer es igual en intensidad al amor que siente por sí mismo.)

_____

_____

b. Colosenses 3:18-19 (maridos se instruye a que amen a sus esposas, y no permitir que la dureza entre en sus relaciones con sus esposas.)

_____

_____

c. I Pedro 3: 1-9 (maridos se les instruye para que amen a sus esposas, y tratarlas con cuidado, viéndolas como coherederas en la gracia de Dios, el no hacerlo causará que las oraciones sean obstaculizadas.).

_____

_____

7. Como nota adicional, las Escrituras dan sólo unas pocas instrucciones cuando se trata de situaciones especiales en el Cuerpo de Cristo; el de cómo una mujer debe comportarse en un entorno de la iglesia. Por ejemplo, ¿qué pasa con una porción de la mujer en el liderazgo cuando su marido no sirve? ¿Está bien? Lea lo siguiente y tomar notas de lo que descubra.

(En sus cartas pastorales, el apóstol Pablo da a su hijo espiritual, Timothy, instrucciones de pastorear la iglesia en la antigua Éfeso En los tiempos bíblicos, la cultura de Roma estaba en decadencia No hubo comúnmente aceptados códigos morales; La gente básicamente hizo lo que " se sentía bien. "las personas que entraban en el Reino de la cultura no tenían ninguna comprensión real de lo que un hogar o familia, o incluso amistades sanas, podría ser. por lo tanto, Pablo da su experiencia personal a Timoteo en sus cartas. voy a dar una información en cuanto a lo que estaba siendo tratado como nos fijamos en los siguientes versos para ayudarle.)

    a. I Timoteo 2:8-15 (Pablo le dice a Timoteo que la oración es la base de un medio ambiente sano, y que la oración debe comenzar con los hombres como iniciadores Se dirige a la moderación en la ropa de las mujeres, pero pide carácter que se muestra en las palabras y las acciones ... el siguiente verso, que expresa una de las preferencias de Pablo pueden parecer anti-mujer cuando se lee fuera de contexto cuando se traduce literalmente, el verso se lee como algo presente: "no dejar que una mujer enseñe su marido, o tiene autoridad sobre su marido (en el liderazgo). ella debería estar en silencio cuando está con el (por respeto), porque su marido es una imagen del hombre que se formó por primera vez; "él indica que permitir que una mujer ejerza autoridad sobre su marido es hacerla vulnerable al engaño.)

_____

_____

b. I Corintios 14:29-35 _____

(la iglesia en Corinto ha ganado una reputación para tener muy emocional, pero no necesariamente el Espíritu Santo conduciendo reuniones. Incluso el Sacramento de la comunión ha minimizado y parte de medias comidas compartidas. Al parecer, Pablo había recibido... una carta de algunos de los líderes en la iglesia de Corinto, haciendo preguntas con respecto a cómo crecer en Cristo. la primera carta a los Corintios es su respuesta a la misma. por lo tanto, en algunos de su lenguaje, se está dirigiendo a una pregunta que tenían le pidió que respondiera en este pasaje, él está explicando por qué es importante contar con orden y buenos modales en un servicio donde se ejercen los dones del Espíritu Santo. al parecer, porque los hombres y las mujeres no se les permitía sentarse juntos en el el cumplimiento de casas - solían ser sinagogas locales - las mujeres gritaban preguntas a sus maridos sobre la persona que habla "¿Qué significa eso, cariño?" y los maridos gritaban de nuevo una respuesta. Pablo les dice que este es un comportamiento incorrecto, y las mujeres... no debe hacer eso. Deben hacer preguntas en casa.)

_____

_____

_____

En que Cultura los Hombres y las Mujeres en la Actualidad se Relaciona con su Mundo?

1. EN LA CREACIÓN - experimentar el El diseño original sin pena, miedo, culpa, la ira, conflicto o dolor. Sin apegdo.

2. DESPUES DE LA CAIDA - Separación de Dios, no hay paz, impulsado por el miedo, La vergüenza, la culpa o la ira. Viviendo en pecado. Muchas veces sin emoción. Sobreviviendo.

3. **EN CRISTO** - Conscientes de la naturaleza del pecado. redimido. La búsqueda activa de crecimiento, discipulado es perseguido, apetitos personales se mantienen bajo control. Dirigido por el Espíritu Santo

Es sólo una idea: Nuestra huella personal con normas culturales relacionadas con el sexo opuesto puede dañar nuestra capacidad para responder bien cuando Cristo nos habla. Cómo podemos ver y tratar a la gente como Dios los ve y los trata?

Patrón de Dios para el
Matrimonio las Relaciones Humanas – Estudio Cinco
Ajuste de los Pilares en Lugar

1. En las lecciones que hemos estudiado hasta ahora en la tercera parte, se ha determinado que la base en la construcción de un matrimonio saludable es una relación con Jesucristo. Un yugo igualmente equilibrado es necesario, así (es decir, un matrimonio saludable sucede entre dos seguidores de Jesús. Es posible para una persona en un matrimonio ser un discípulo de Jesús, y la segunda persona no creer, pero esas relaciones desequilibradas experimentará conflicto y, a veces, una gran lucha. por favor, consultar los siguientes pasajes y tomar nota de lo que descubra.

I Corintios 7: 12-16 _____

II Corintios 6:14 _____

2. El lugar de comenzar en cualquier relación matrimonial saludable en el Reino de Cristo es el desarrollo de la amistad. Antes de que una relación física, la unión sexual, o incluso profunda, la comunicación invertida comienzan a manifestarse entre un hombre y una mujer, el arte de la amistad debe ser lo primero. **Este es el primer pilar: La amistad.**

Proverbios 18:24 _____

Cantares 5:16 _____

3. Pilares en una casa llamada matrimonio deben ser puestos en su lugar por ambos socios, trabajando juntos. La obra en cuestión es un trabajo emocional, y debe llevarse a cabo con acciones intencionales. Estos son los pasos para la construcción de una amistad:

   a. Contar su historia a su pareja; su infancia, sus recuerdos favoritos, su historia familiar, sus traumas, sus abusos, sus relaciones.

   b. Aprender cosas favoritas de su pareja: color, comida, actividades, música, etc.

   c. Que sea un punto para complementar su cónyuge cada día.

   d. Tómese tiempo para hablar cada día, al menos 25 minutos cada día sin distracciones, sin interrupciones. No utilice este tiempo para quejarse o criticar. Apreciarse mutuamente. Sea amable.

Lea las siguientes Escrituras, acerca de la amistad, y tomar notas de lo que descubra.

   Proverbios 13:20 _____

   Colosenses 3: 18-20 _____

   Proverbios 12:26 _____

   Juan 15: 12-16 _____

4. **El segundo pilar en un matrimonio saludable es: Amor Incondicional**. Este tipo de amor es mucho mayor que la preocupación, cuidar, o conexión familiar. Esta es la clase de amor que Dios tiene por nosotros. Cuando elegimos amar a otra persona, sino que también estamos eligiendo a poner nuestra vida en peligro para ellos. Además, este amor lleva consigo la comprensión de la fidelidad. Esto significa que, tanto para el hombre y la mujer, la relación es una asociación fiel, sin amantes adicionales o asuntos emocionales. Ambos han elegido sólo a amar uno, éste. ¿Qué tienen estas Escrituras que nos enseñan acerca de este tipo de amor?

   I Corintios 13 _____

   I Timoteo 3: 1-10 _____

   Efesios 5:25-29 _____

Es imposible amar a otra persona con este tipo de amor en el esfuerzo humano. Dios derrama su amor a través de nosotros todos los días.

Romanos 5: 5 _____

5. **El tercer pilar es: Compromiso**. Un matrimonio comprometido es una sociedad, de dos personas que buscan superar a servir unos a otros. Ellos están tan centrados en ese servicio de amor, no hay espacio para la distracción de lo que Dios está construyendo. Y Dios está construyendo la gente:

    a. marido (que está llamado a representar a Cristo en el hogar en su liderazgo de servicio - Filipenses 2)

    b. esposa (que está llamado a representar a la Novia de Cristo en el hogar en sus respuestas y expresiones de la gracia - Efesios 5: 22-33)

    c. futuros líderes (niños) - (que son llamados a ceder y aprender de sus padres, siendo obedientes como primera respuesta, en lugar de una ocurrencia tardía - Proverbios 2: 1-12 y Proverbios 1: 7-9).

6. Una persona que se ha comprometido a algo o alguien que no puede ser disuadido o causado a vacilar en su / su elección que se dedica a ver un proceso de desarrollo a través de su acabado. Por favor, lea los siguientes versos y ver lo que revelan acerca de vista del compromiso de Dios.

Santiago 1: 5-8 _____

Salmo 119: 113 _____

I Corintios 6:19 _____

Hebreos 13: 4 _____

I Corintios 7: 10-11 _____

I Corintios 07:15 _____

7. **El cuarto pilar es: Confianza**. La confianza es una cualidad relacional que se puede romper. La confianza es un pilar que saca su fuerza de cada uno de los otros tres pilares, por lo que el nivel de confianza en un matrimonio / casa un termómetro no se ve. Los niveles de confianza son en realidad indicadores o mediciones de la salud y la profundidad de la relación experimentada por ambos socios. Una vez roto, la confianza es muy difícil de reparar, porque la conciencia del lugar permanece rota. Se necesita el arrepentimiento horizontal, y, el trabajo de centró intencional para reparar y restaurar problemas de confianza rotos. Es posible, sólo en Cristo, para que una persona llegue a un lugar de curación, pero ese proceso es gradual. Entonces, como se produce la curación relacional, auténtico perdón y la restauración puede ser experimentada, pero en capas. ¿Qué significan los siguientes versículos que nos enseñan?

Hebreos 13: 4 _____

Proverbios 31:11 _____

Salmo 56: 3-4 _____

Colosenses 3:13 _____

Mateo 18: 21-35 _____

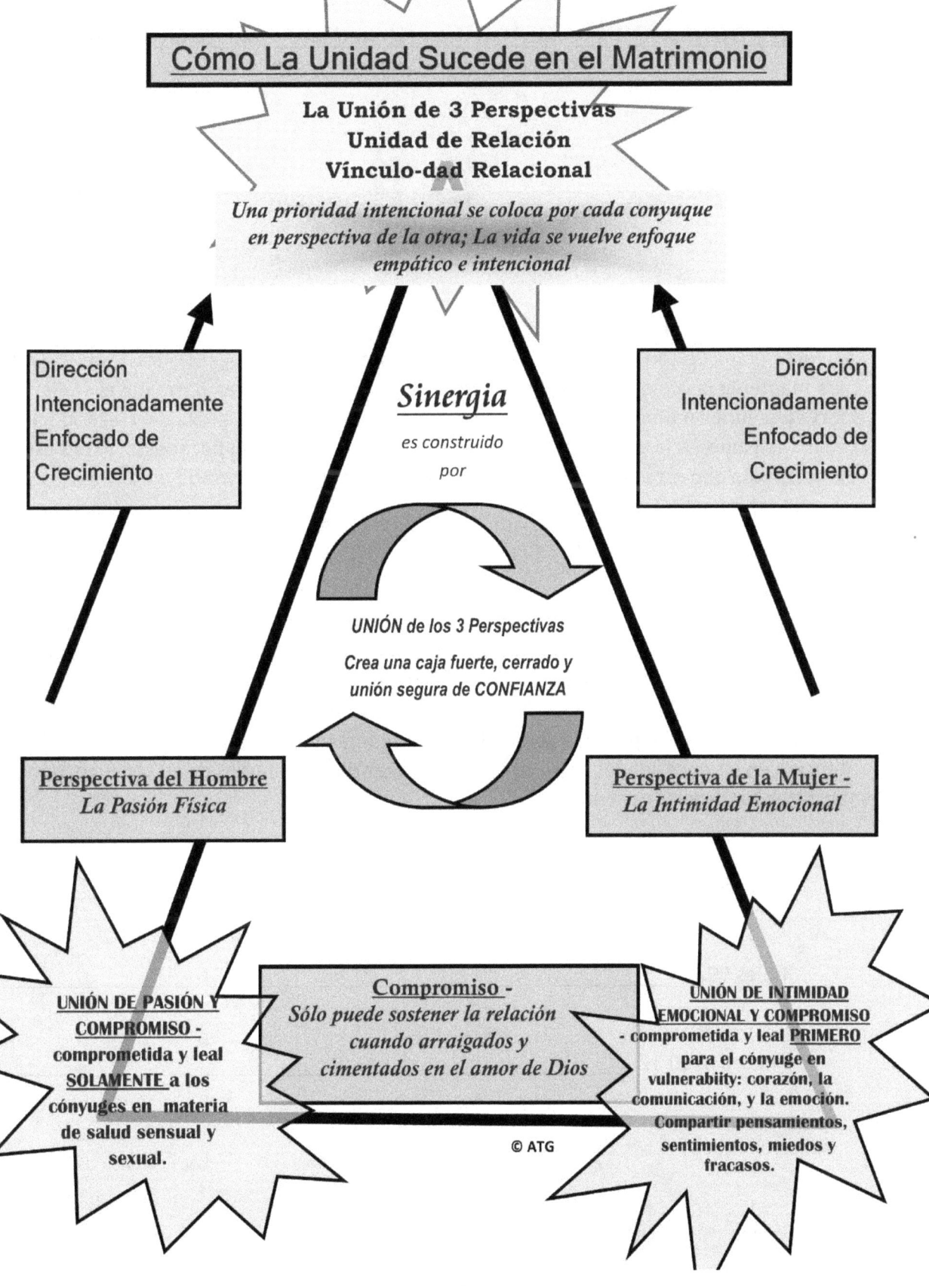

Patrón de Dios para el
Matrimonio las Relaciones Humanas – Estudio Seis
El Proceso de Convertirse

En nuestro ejemplo de la construcción de un matrimonio y el hogar, hemos llegado a la siguiente etapa de construir una palapa. La siguiente tarea es agregar las traviesas y el marco para mantener las palmas del techo. Es esta tarea la que en realidad hace que el edificio fuerte y segura. En un matrimonio, tomar la decisión de desviar la atención y lealtad hacia el cónyuge de uno, es la acción que aporta seguridad a la relación. Al hacer esto, usted está demostrando que está dispuesto a quedarse con uno al otro a través de las tormentas y dificultades, aprender a crecer juntos.

1. En el proceso de construcción de un matrimonio, muchas veces una pareja descubrirá áreas dentro de sus corazones donde la confianza se ha roto. Cuando una relación es golpeada por la confianza rota, la primera reacción es retirarse a un segundo plano, y "volverse hacia adentro," en lugar de "mirar hacia" su cónyuge. Para que un matrimonio Unido pueda tener éxito, es fundamental que cada compañero realice una elección intencional para centrar su atención en las necesidades de su cónyuge, en lugar de los defectos de su cónyuge, para satisfacer sus propias necesidades.

    Ezequiel 18:28 _____

    Isaías 59:20 _____

    I Pedro 3: 10-12 _____

2. Cuando una persona está "hacia adentro", su vida se convierte en el foco centrado en "si mismo" Esto construye el egocentrismo, y dureza de corazón hacia los demás. Después de un tiempo, la persona que vive "hacia adentro" se cierra a los sentimientos y al dolor de los demás. Se nos enseña en las Escrituras que debemos practicar la empatía por los demás. Cuando decidimos obedecer las Escrituras, ganamos habilidades relacionales.

   Lucas 1:17 _____

   Salmo 119: 35-37 _____

   Hechos 1:19 _____

   Filipenses 2: 3-4 _____

3. "Giramos hacia el exterior" al optar por aprender a expresar gratitud. También lo hacemos cuando aprendemos a servir y atender a las personas en nuestra propia esfera de influencia personal.

   Romanos 8: 1-8 _____

   II Corintios 5: 14-16 _____

4. Otra forma de "girar hacia afuera" es cambiar el orden de las prioridades por las que vivimos. Aquí esta una ordenación de prioridades de la vida sana personales:

   La primera prioridad - Mantenimiento mi relación como hijo de Dios. Yo soy su hijo en primer lugar, antes que cualquier otra relación o responsabilidad.

   La segunda prioridad - Mantenimiento mi relación como compañero de vida con mi esposo. Esta es la conexión terrestre más importante de mi vida.

   La tercera prioridad - El cuidado de mi cuerpo físico; sin salud, no puedo ser servir a mi familia o de obtener ingresos.

La cuarta prioridad - Mantenimiento mi relación como padre con mis hijos. Estoy llamado a impartir a ellos, y equiparlos para ser fuerte discípulos, seguros en el amor de Dios, y en mi amor por ellos.

Quinta prioridad - hacer mi mejor esfuerzo para mantener a mi familia. Mi trabajo. Es importante esta prioridad, se colocará en este nivel, después de esas relaciones, con el fin de mantener la capacidad de escuchar al Espíritu de Dios al máximo nivel. Después de todo, las personas-dones que Dios ha puesto en mi vida son regalos eternos.

Sexta prioridad - Mis aficiones y / o deportes y / o relaciones fuera de mi círculo familiar inmediato.

Séptima prioridad - Relaciones exteriores de mi círculo familiar inmediato; hermanos, hermanas, padres, abuelos, amigos.

Octava prioritarios - el trabajo voluntario y / o ministerio esfuerzos.

Patrón de Dios para el Matrimonio las Relaciones Humanas – Estudio Siete
El Mejor Techo de Todos

1. Los expertos en terapia de pareja coinciden en que las relaciones más sanas y satisfactorias son aquellas que implican mutuo servicio, atención, consideración y respeto. Los matrimonios en los que uno de los esposos se ha retirado en cualquier grado, se comprueba la existencia de un bajo nivel de tensión y ansiedad. Durante un largo período de tiempo, que la ansiedad da paso a la depresión, la enfermedad y la muerte prematura. Estos estudios confirman lo que las Escrituras nos han enseñado durante mucho tiempo.

Proverbios 12:25 _____

Deuteronomio 24: 5 _____

Proverbios 5: 18-19 _____

Salmo 128: 1-2 _____

Proverbios 20: 6-7 _____

*Una persona que se niega a realizar cambios,
o lleva el conflicto,
es por lo general una persona
que también lleva
un corazón cerrado.*

2. Dios es el autor de las Relaciones. El matrimonio es su idea. Las relaciones familiares son Su idea. Por lo tanto, tiene sentido que con el fin de experimentar un gran matrimonio, hay que "volver a la fábrica", y optar por seguir el patrón y el diseño original del fabricante. Cuando buscamos Su forma y su plan, se prolonga y mejora nuestra calidad de vida.

Deuteronomio 5:33 _____

Proverbios 10:27 _____

3. Cuando una pareja está construyendo su relación cada día, incluso después de años de matrimonio; orando juntos, trabajando juntos, riendo juntos, resolviendo conflictos juntos, mutuamente sirviendo y cuidando unos de otros, el deseo de compartir esperanzas y sueños con los demás se convierte en parte de los eventos naturales de cada día. En ese entorno relacional desarrollado, se convierte en el siguiente paso esperado para hablar de hacer planes para el futuro como un equipo. Por favor, tome tiempo para hablar de esperanzas, sueños y planes para el futuro con su cónyuge, y use el espacio de abajo para hacerlo.

Patrón de Dios para el Matrimonio las Relaciones Humanas – Estudio Ocho
La Construcción de las Paredes Seguras

1. Al igual que cada casa es diferente en un pueblo, por lo que cada matrimonio tiene factores únicos, a pesar de que el diseño original del Creador (antes del pecado) se está siguiendo. En este estudio, se dirigirá a los materiales de construcción que crean las paredes exteriores de la estructura invisibles llamada "casa". Cada una de estas cualidades son elementos necesarios en una experiencia de unión sana. Por favor, buscar cada Escritura, y tomar nota de las instrucciones proporcionadas por el Espíritu Santo cuando se trata de una relación matrimonial.

    a. La honestidad con uno mismo y su cónyuge.

Salmo 51: 6 _____

Efesios 4:25 _____

Zacarías 8: 16-17 _____

    b. No hay secretos, o agenda oculta. Lo que está debajo de la sangre de Jesús está también a la luz.

Santiago 5: 14-16 _____

Hebreos 4: 12-13 _____

    c. La fidelidad en el apego emocional.

Marcos 10: 8-9 _____

Proverbios 4: 23-24 _____

d. La fidelidad en la sexualidad.

Proverbios 6: 32-24 _____

Hebreos 13: 4 _____

e. La fidelidad en la comunicación.

Santiago 1:19 _____

Proverbios 25: 11-15 _____

Proverbios 6: 16-19 _____

f. Amables palabras y pensamientos.

Filipenses 4: 8 _____

Hebreos 3:13 _____

Proverbios 31:26 _____

g. Apreciación y construcción, edificar y no derribar.

Colosenses 3:19 _____

Proverbios 14: 1 _____

I Tesalonicenses 5:11 _____

h. Un homenaje de la historia juntos.

Salmo 13: 5-6 _____

Proverbios 10: 7 _____

Proverbios 5:18 _____

i. La admiración y el respeto mutuo.

Marido a la esposa. I Pedro 3: 7 _____

La mujer al marido. Efesios 5:33 _____

Colosenses 3: 18-19 _____

j. Prioridad de alabar como una unidad (como una sola)

Romanos 15: 5-7 _____

I Pedro 4: 8 _____

k. Prioridad de la obediencia a la Palabra como una unidad (juntos como uno)

Juan 14:23 _____

Deuteronomio 05:33 _____

l. Prioridad de la oración como una unidad (juntos como uno)

I Timoteo 2: 8 _____

Filipenses 4: 6-7 _____

m. La comunicación saludable. No "evasivas".

Ezequiel 35:26 _____

Jeremías 24: 7 _____

n. Escuchar el corazón bajo la negatividad.

Santiago 1:19 _____

Proverbios 16:20 _____

o. No abuso de cualquier tipo: no verbal, no emocional, no físico, no sexual, no financiero.

I Pedro 3: 7 _____

Colosenses 3:19 _____

Proverbios 21: 9 _____

p. No controlar, pero liberar el uno al otro.

Romanos 16:17 _____

Santiago 1:26 _____

II Timoteo 3: 1-5 _____

Patrón de Dios para el
Matrimonio las Relaciones Humanas – Estudio Nueve
Aprender a Resolver Conflictos

1. Todo matrimonio - cada relación, de hecho - experimenta conflicto. El conflicto en sí mismo no es una mala cosa. Nos encontramos con un conflicto con nuestra ropa cuando ganamos demasiado peso. Nos encontramos con un conflicto con nuestros niveles de energía cuando no tenemos suficiente tiempo para llevar a cabo una tarea con una fecha límite. Los conflictos que sólo son conocidos dentro de uno mismo lo general no causan problemas emocionales de miedo, culpa, vergüenza, o ira. Sin embargo, los conflictos que involucran a otras personas pueden causar un gran daño, dependiendo de cómo se trata. ¿Qué nos enseña este versículo?

Proverbios 13:10 _____

2. Los estudios demuestran que cuando se tiene en cuenta un conflicto entre dos personas, y se deja sin tratar; o, si es expresado en repetidas ocasiones un conflicto que no pueda resolverse; el conflicto no desaparece. Más bien, se extiende en un sentido de la distancia y la separación entre las partes involucradas. Durante este tiempo, diálogos internos dictan las comparaciones personales, causando la ira y la distancia. ¿Qué tienen estas Escrituras, que nos dicen?

Lucas 18: 9-14 _____

II Corintios 10:12 _____

3. La resolución del conflicto nunca debe incluir la dominación o la entrega de un mandato de un cónyuge al otro. Por el contrario, la profundización de la relación se encuentra en un acuerdo mutuo por el bien común de todos. El resultado deseado en cada conflicto es una respuesta de ganar-ganar, que ayuda a todos los involucrados a paso más cerca de la unidad. Cuando el conflicto se maneja inadecuadamente, las evidencias serán ira, la rabia, la demanda, o cualquiera de los elementos de negación. (Ver "Elementos de la negación" cuadro de la página siguiente). Todos tendemos a utilizar estos mecanismos de defensa cuando inconscientemente somos conscientes de nuestra incapacidad para lidiar con el tema en cuestión. El uso de estos mecanismos indican que sentimos emocionalmente (relacional), sin herramientas, sin entrenamiento, y mal equipado. ¿Qué significan las siguientes Escrituras, que nos enseñan?

Proverbios 15:18 _____

Santiago 1: 19-21 _____

Proverbios 29: 2 _____

Elementos de la Negación

Pensamiento de Todo o Nada (sin pensar equilibrado)

La ira / Rabia

Culpa

Inhabilitar lo Positivo

Despido

Dando Excusas

Desplazamiento / Redireccion / Descarrilamiento

Si no se consideran los pensamientos o los sentimientos de los demás

Intelectualismo ("Soy más inteligente que tú")

Asumiendo

Justificando

Etiquetado

La Mentira (de plano, por omisión, o por el engaño)

Aumentador

Minimización

Generalización

Racionalización

Espiritualización

La Importancia Personal Grandioso - "Las reglas no se aplican a mí"

Haciéndose el Tonto

La Negación nos impide
abrazar y disfrutar de nuestra Realidad.

4. He aquí algunos hechos que todos deben entender acerca de los conflictos en las relaciones.

    a. Una definición simple de conflicto es: A diferencia de perspectivas y / o valores. se pueden resolver sin el uso de la ira.

    b. Para "ver" o comprender una circunstancia o una relación diferente que otra persona es simplemente que - una diferencia de perspectiva. No hay perspectivas incorrectas o equivocadas. Y cada persona cree su propia perspectiva, es la única verdad. Sin embargo, cuando se trata de un grupo, una familia o un matrimonio, todas las perspectivas son verdad, todos están bien, ninguno de ellos es una mentira, y todos son igualmente importantes, e igualmente relevantes.

    c. Conflicto saludable se produce sin ira. Es sólo algo que se discute.

    d. La ira complica conflicto.

    e. Cuando alguien siente que tiene que "ganar" o "estar en lo"correcto", violan la relación, ya que se apaga la otra persona, y disminuye su valor personal.

    f. Para evitar conflictos, es simplemente un retraso de una conversación de rabia después.

    g. El escuchar activamente es una habilidad que cada persona en el planeta tiene que desarrollar. Se trata de dar una atención sin distraerse con la persona que está en conversación con. A medida que escucha, trate de no desistir, si su cónyuge se convierte en negativo o crítico. Bajo cada queja la crítica es una profunda necesidad de su pareja que está expresando, anhelo de que conozcan de él. Haga preguntas, y trate de persuadir a su cónyuge para expresar el deseo más profundo; su necesidad. Discuta esa necesidad. Si no pueden resolver el problema juntos, buscar ayuda.

    h. Hay pasos para desarrollar una relación. En toda relación, hay un conflicto inevitable. Una relación sin conflicto es una indicación de la falta de crecimiento, y un nivel de frustración en cada persona involucrada en la relación. Mira la tabla de la página siguiente, y ver si reconoce el patrón de desarrollo de relaciones en el matrimonio. Por favor, mira a ver la etapa de que su matrimonio está en la actualidad.

¿Cómo se Desarrollan las Relaciones

Atracción y Principio

Primera etapa - Como dos personas se notan entre sí, se dan cuenta de una aceptación mutua entre ellos. Hay algo de ansiedad, así como la anticipación, como cada uno considera cómo desarrollar la relación. La comunicación se realiza a nivel tópico y los hechos, tal como que tratan de desarrollar límites emocionales de la comprensión, aprenden a leer cada uno les señales del otro.

La Ansiedad y la Batalla

Segunda etapa - A medida que la relación continúa, se produce inevitablemente conflictos; en variadas fortalezas y la profundidades de emoción. Estos conflictos se producen en las zonas donde emocional utillaje no ha sido proporcionado para cada individuo. Cuando el conflicto es realista resuelto, y no ignorado, la relación se profundiza en la intimidad emocional ("en-me-ver") y se establece la base para la confianza.

La Aceptacion y Creencia

Tercera etapa - Como el modelo para la resolución de conflictos se profundiza, y la comunicación es también más profunda, la confianza y la verdadera unidad se forman. La lealtad comienza a desarrollarse, y dolor es compartido.

Accion y sin Mancha

Cuarta etapa - A medida que la relación y la confianza se basa, a través de experi encias, compartida el dolor y la comunicación, se convierte en un paso siguiente natural a buscar lo mejor para la otro persona. La relación puede soportar peso. porción de corazón se produce. Sueños y esperanzas son compartidos. Los valores son comunes. Los sentimientos son validados. Comunidad segura verdadero viene en la experiencia de relación. Otros personas están incluidas en la relación.

Ajuste y Pertenencia

Quinta etapa - Como la unidad y la confianza se han desarrollado, un tejido de identidades tiene producido, creando una comunidad segura. Este es un lugar seguro para la curación, la totalidad y el crecimiento se lleve a cabo. La responsabilidad se basa en la profundidad de la relación, y la atención de cada persona para proporcionar la seguridad personal y el estímulo para otros. Los temores son compartidos, validados y trabajados a través. Sentimientos se enfrentan con compañía y apoyo. Se proporciona cuidado genuino.

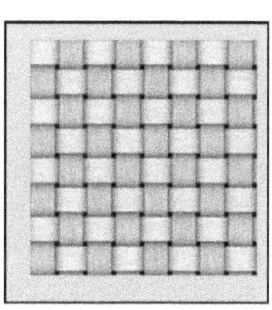

© atg

Patrón de Dios para Relaciones Humanas en el Matrimonio
Evaluación de Bonificación: Valor Personal en el Matrimonio

Evaluación -- ¿Cuál es mi "Valor de Casado?"

1. La primera respuesta de mi esposo cuando tengo una idea nueva o creativa es para animarme, o expresar entusiasmo.

0	1	2	3	4	5	6
Nunca		Apenas		La mayoría de el tiempo		Todo el tiempo

Comentario:

~~~~

2. Me siento inteligente cuando estoy con mi esposo.

0	1	2	3	4	5	6
Nunca		Apenas		La mayoría de el tiempo		Todo el tiempo

Comentario:

~~~~

3. Mi esposo me anima a perseguir mis sueños y / o metas personales.

0	1	2	3	4	5	6
Nunca		Apenas		La mayoría de el tiempo		Todo el tiempo

Comentario:

4. Mi esposo me anima cuando estoy desanimado o me siento como un fracaso, sin recordarme cómo he estado a la altura de mis objetivos.

0	1	2	3	4	5	6
Nunca		Apenas		La mayoría de el tiempo		Todo el tiempo

Comentario:

5. Me siento importante para mi cónyuge cuando estamos juntos en un lugar público.

0	1	2	3	4	5	6
Nunca		Apenas		La mayoría de el tiempo		Todo el tiempo

Comentario:

6. Mi esposo me dice cómo aprecianmi esfuerzo. Es difícil sentirse inadecuado en comparación con otras personas. Siempre me siento especial con mi cónyuge.

0	1	2	3	4	5	6
Nunca		Apenas		La mayoría de el tiempo		Todo el tiempo

Comentario:

7. Me siento due mi esposo me ve como dotada, especializada y / o capaz.

0	1	2	3	4	5	6
Nunca		Apenas		La mayoría de el tiempo		Todo el tiempo

Comentario:

8. Cuando cometo un error, mi esposo responde con amabilidad y me da gracia para crecer.

0	1	2	3	4	5	6
Nunca		Apenas		La mayoría de el tiempo		Todo el tiempo

Comentario:

~~~~

9. Mi esposa me trata con amabilidad, en el hogar y en público.

0	1	2	3	4	5	6
Nunca		Apenas		La mayoría de el tiempo		Todo el tiempo

Comentario:

~~~~

10. Cuando quiero probar algo nuevo, mi esposo fomenta un sentido de aventura.

0	1	2	3	4	5	6
Nunca		Apenas		La mayoría de el tiempo		Todo el tiempo

Comentario:

~~~~

11. Cuando hemos experimentado un fallo de comunicación, mi esposo tiene su propia responsabilidad personal en el desacuerdo, y no pasa la culpa a mí.

0	1	2	3	4	5	6
Nunca		Apenas		La mayoría de el tiempo		Todo el tiempo

Comentario:

~~~~

12. Estoy deseando pasar tiempo con mi esposo.

0	1	2	3	4	5	6
Nunca		Apenas		La mayoría de el tiempo		Todo el tiempo

Comentario:

13. Mi cónyuge no me critica.

0	1	2	3	4	5	6
Nunca		Apenas		La mayoría de el tiempo		Todo el tiempo

Comentario:

14. Siento que mi esposo toma mis opiniones y sentimientos en serio.

0	1	2	3	4	5	6
Nunca		Apenas		La mayoría de el tiempo		Todo el tiempo

Comentario:

15. Sé que mi esposo le gusta pasar tiempo conmigo.

0	1	2	3	4	5	6
Nunca		Apenas		La mayoría de el tiempo		Todo el tiempo

Comentario:

16. Mi esposo me dice cuando me he tomado el tiempo para verme bien.

0	1	2	3	4	5	6
Nunca		Apenas		La mayoría de el tiempo		Todo el tiempo

Comentario:

17. Siento que mis necesidades son importantes para mi esposo. Me siento apreciado en la relación.

0	1	2	3	4	5	6
Nunca		Apenas		La mayoría de el tiempo		Todo el tiempo

Comentario:

18. Mi cónyuge habla suavemente para mí - no con la impaciencia o la condescendencia.

0	1	2	3	4	5	6
Nunca		Apenas		La mayoría de el tiempo		Todo el tiempo

Comentario:

19. Mi esposo siempre se entiende que los motivos de mi corazón estaban en lo cierto cuando sucede algo malo o inesperado.

0	1	2	3	4	5	6
Nunca		Apenas		La mayoría de el tiempo		Todo el tiempo

Comentario:

20. Me siento grande por mi cónyuge. Completamente.

0	1	2	3	4	5	6
Nunca		Apenas		La mayoría de el tiempo		Todo el tiempo

Comentario:

Puntaje Total _____ **de un total de 120**

Que Significan los Números?

Relación saludable	**100-120**
Su matrimonio es saludable, ya que podría ser	**80-99**
Las señales que recibe de su cónyuge significa que el matrimonio está en un defectuoso estado. Se necesita un montón de trabajo.	**60-79**
Relación no saludable. Este es el matrimonio operando por completo en el mundo de cultura.	**59 and below**

Considerar:

Para mejorar su relación matrimonial, leer a través de cada una de las afirmaciones utilizadas en esta evaluación. Cada declaración describe un patrón saludable de relacionarse con su cónyuge. evaluaciones de swap completado con su cónyuge. Entonces, como se tiene en cuenta cada declaración sana, pensar en cómo se puede hacer ajustes en sus actitudes y acciones, para aumentar su puntuación personal contenida en tales estados su cónyuge marcados con una puntuación baja.

Bendiciones en su viaje!

Parte Cuarto

Patrón de Dios
para las Relaciones
Familiares Humanos

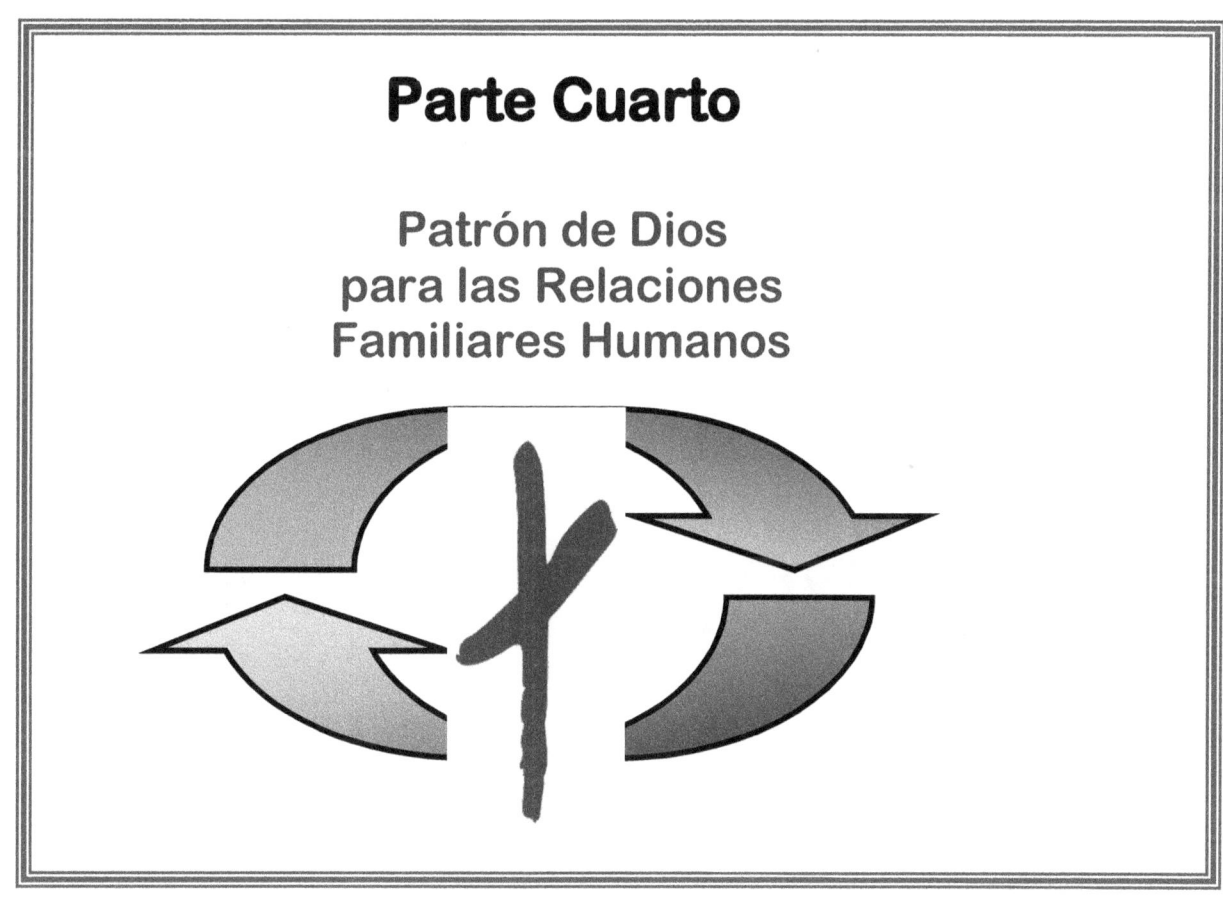

Patrón de Dios para las Relaciones Humanas Familiares - Estudio Uno
¿Cómo ve Dios a los niños

1. Padre Dios es el autor del concepto de educación de los hijos en una familia. Adán y Eva fueron los primeros padres. De hecho, Adán nombró a su esposa después de la entrada del pecado en el planeta. El nombre de Eva significa "madre de todos los vivientes."

Génesis 3:20 _____

2. Incluso antes de la concepción, el Padre Dios está involucrado en el desarrollo del género de una persona, personalidad, características físicas, y las motivaciones de la vida. Incluso antes del nacimiento, Él pone los dones y el llamamiento en el niño dentro del útero. Incluso antes de que nazca de nuevo una persona, los dones y el llamamiento se muestran como un niño crece. Incluso las cuestiones más pequeñas de intereses y fascinaciones son indicadores del plan de Dios para la vida de una persona - incluso antes de que vengan a Cristo. ¿Qué significan los siguientes versículos, que nos enseñan?

Salmo 139: 13-16 _____

Jeremías 1: 5 _____

3. Padre Dios ve a los niños como una bendición, y una recompensa. Todos los niños, incluso un niño no planificado o no deseado, se da como un regalo de Dios, y debe ser tratado como tal. Los bebés, y niños pequeños, que todavía no son capaces de elegir entre el bien y el mal (se refiere teológicamente como "la edad de responsabilidad"), están en contacto con la Presencia de Dios, y por lo general son más conscientes de la reino eterno que muchos adultos. Incluso antes de que un niño pequeño es capaz de hablar, su persona interior está en comunicación con el Padre Dios, y es consciente de las cosas espirituales. ¿Qué significan los siguientes versículos, que nos enseñan?

Salmo 127: 3-5 _____

Salmo 8: 2 _____

Mateo 18:10 _____

Isaías 7: 14-15 _____

4. Padre Dios ve la inocencia, confianza y la dependencia de los niños como un ejemplo de un discípulo maduro. (Como discípulos, que están llamados a partir de nuestra forma de pensar "adultos" que se basan en la filosofía mundana, para arrepentirse (cambiar), y llegar a ser como un niño en nuestra obediencia, nuestra relación y en nuestra fe hacia Dios.

Jesús instruyó a los doce con respecto al valor de esta característica en los niños. Dijo que si una persona causa a un niño caer, sería mejor si nunca hubieran nacido. La palabra griega que se traduce "tropiezo", es "skandalizo," que es la palabra de la que deriva la palabra "escándalo". El significado literal de la palabra es "convertir un corazón confiado lejos de lo que se debe seguir. "Por favor, lea los siguientes versículos y tomar nota de lo que descubra.

Mateo 18: 1-6 _____

5. Padre Dios ha diseñado el proceso de crianza de los hijos a ser un tiempo de impartición y encarnación. Como padres, estamos llamados a impartir la verdad a través de nuestro ejemplo, y ayudar a nuestros hijos a aprender a vivir las verdades que creemos también (encarnación). Esto no puede pasar a través del desapego, la dominación, intimidación u otras conductas abusivas. Los niños nacen para ser aprendices; una curiosidad natural acerca del mundo que se han encontrado. Y, como padres, la forma en que interpretan la naturaleza de Dios con el tiempo se convertirá en el método que utilizamos para criar a nuestros hijos.

Salmo 103: 8-13 _____

Salmo 68: 5 _____

II Corintios 1: 3 _____

Lucas 8:21 _____

Lucas 12:32 _____

Isaías 1:18 _____

Orden de Nacimiento

El sitio o lugar en donde un niño nace pueden tener un efecto sobre cómo se ve a sí mismo. La investigación sobre el orden de nacimiento, a veces se hace referencia a la posición como ordinales, muestra que los primogénitos tienen más probabilidades de ir a la universidad que los niños en cualquier otra posición en la familia. Los padres deben tratar de ayudar a cada niño a verse a sí mismos como individuos únicos y evitar las comparaciones con hermanos u otras personas.

El hijo del medio con frecuencia parece de las impresiones más negativas de su destino en la vida. Un enfoque para ayudar a los niños del medio es replantear las cosas, es de señalar que, en un sentido tienen lo mejor de ambos mundos. Ellos son más jóvenes que el hermano mayor y el más antiguo que el hermano más joven. Por lo tanto ambos son hermano / hermana mayor y un hermano / hermana menor. Los niños menores siempre quieren hacer las cosas que a los hermanos mayores se les permite hacer. Y los hermanos mayores pueden sentir que los hermanos menores se salgan con la suya con cosas que no eran capaces de hacer cuando ellos tenían la misma edad.

Las siguientes características no se aplicarán a todos los niños en todas las familias. Las características típicas, sin embargo, se pueden identificar:

Hijo Unico	Primer Hijo	Segundo Hijo	Hijo del Medio O Tercero	Hijo Menor
Mimado y consentido. Se siente incompetente porque los adultos son más capaces. Es centro de atención; A menudo goza de posición. Se puede sentir especial. Centrado en sí mismo. Se basa en el servicio de los demás en lugar de los propios esfuerzos.	Es hijo único por un período de tiempo; acostumbrado a ser el centro de atención. Cree que debe ganar y mantener la superioridad sobre otros niños. Esta en lo cierto, controlador a menudo importante. Pueden responder al nacimiento del segundo hijo sintiéndose no amado y descuidado.	Nunca tiene toda la atención de los padres. Siempre tienen hermanos por delante que están más avanzados. Actúan como si estuviera en una carrera, tratando de ponerse al día o de superar al primer hijo. Si el primer hijo es "bueno", el segundo puede llegar a ser "malo."	No tiene ni derechos ni privilegios de hijo mayor o menor. Siente que la vida es injusta. No se siente amado, y se siente dejado afuera, O "exprimido." Siente que no tiene lugar en la familia.	Se comporta como hijo único. Siente que los demás son más grandes y más capaces. Espera que otros hagan las cosas, tomen decisiones, asuman la responsabilidad. Se siente más pequeños y débil. No puede ser tomado en serio.

Se siente tratado injustamente cuando no consigue su manera. Puede negarse a cooperar.

Juega "divide y vencerás" para conseguir su propósito.

Puede tener relaciones pobres de niños pero mejores relaciones como adultos.

Agradan a otro sólo cuando quieren ser creativos.

Pueden tener características de esfuerzo de los mayores o sentimientos de insuficiencia de los menores. | Se Esfuerza para tener y

mantener la atención de los padres a través de la conformidad.

Si esto falla, escoge a portarse mal.

Pueden desarrollar un comportamiento competente, responsable o llegar a ser muy desanimado.

A veces se esfuerza por proteger y ayudar a los demás.

Se esfuerza por complacer. | Desarrolla habilidades que el primer hijo no muestra. Si el primer hijo tiene éxito, puede sentirse seguro de sí mismo y de sus habilidades.

Puede ser rebelde. Muchas veces no le gusta la posición.

Se siente "exprimido" si nace un tercer hijo. Puede empujar hacia abajo a los otros hermanos. | Se desanima y se vuelve "el niño problema" o eleva su autoestima empujando hacia abajo a los otros hermanos.

Es adaptable. Aprende a lidiar con ambos hermanos mayores y menores. | Se convierte en el jefe de la familia en obtener servicio y su propia voluntad.

Desarrolla sentimientos de inferioridad o se convierte en "reductor de velocidad" y adelanta los hermanos mayores.

Se queda como "el bebé" Coloca a otros a su servicio.

Si menor de tres hermanos, a menudo se aliada con el hijo mayor contra hijo del medio. |

NOTAS: 1. El hijo del medio de tres suele ser diferente de la hija del medio de una gran familia. Los hijos de en medio de las familias numerosas son a menudo menos competitivos que los padres no tienen mucho tiempo para dar a cada niño y para que los niños aprenden a cooperar para conseguir lo que quieren.

2. Sólo los niños pequeños quieren ser adultos, y por lo tanto no se relacionan con compañeros muy bien. Cuando se convierten en adultos, a menudo creen que finalmente "lo hicieron" y ahora pueden relacionarse mejor con los adultos como compañeros.

3. Durante sus años de formación, solamente los niños viven principalmente en el mundo de los adultos. Deben aprender cómo operar en el mundo de las grandes personas, así como la forma de entretenerse. Por lo tanto a menudo se vuelven muy creativos en sus esfuerzos.

Patrón de Dios para las Relaciones Humanas Familiares - Estudio Dos
¿Cómo Dios Ve Niños en un Entorno Familiar

La idea de la familia fue proporcionado por Dios con el fin de permitir que los seres humanos desarrollaran una comprensión de las relaciones estrechas e íntimas en un ambiente seguro de amor y confianza. Cada familia tiene la intención de ser un microcosmos (maqueta) de lo que significa ser parte de la familia de Dios. Es importante entonces, que nuestra familia terrenal siga el ejemplo del Reino de Cristo proporcionada en las Escrituras. Por favor, tomar notas con respecto a los versos más adelante.

Efesios 6: 1-4 _____

Efesios 5: 22-28 _____

Marcos 10: 6-9 _____

2. Cuando Dios tomó la forma de la humanidad, vino como Jesucristo. Él no llegó a la tierra como un adulto, o incluso como un rey. El vino como un bebé, con el fin de darnos el ejemplo de lo que una familia piadosa se vería así. Este hecho, por sí mismo, nos muestra cuán importante es el mantenimiento de una familia nuclear intacta es en el sistema de prioridad de Dios. (¿Puede usted imaginar lo que debe haber sido servir a Dios como su padre?) ¿Qué nos enseñan estos versículos?

Mateo 1: 18-25 _____

Lucas 1: 26-38 _____

Mateo 2: 13-15 / 19-23 _____

Juan 1: 1-14 _____

Juan 2:12 _____

3. Las Escrituras indican que los niños son como el cemento húmedo. Mientras son jóvenes, cada experiencia sirve como un momento de impresión, enseñándoles cómo se supone que la vida trabaja.

Ver Proverbios 22: 6 _____

La palabra Hebrea "tren" en este versículo se refiere a una práctica de nodrizas antiguos. Estas mujeres tenían un método para desarrollar el apetito del niño para los alimentos adecuados. (Se llevaban una muestra de la comida, y rajpaba contra el paladar duro de la boca del niño. El niño sería entonces el sabor de la comida, y también decidua él / ella quería más.) Este versículo nos enseña que todo lo que imprime el apetito de la mente y el corazón de un niño será el deseo de su corazón cuando crezcan.

Esto hace que la impartición de carácter, la empatía, y la integridad de unos modelos de conducta de los padres sea extremadamente importante. Es de vital importancia que ayudemos a nuestros hijos a desarrollar un apetito saludable para las cosas de bien, ¿no es así? Por favor, tomar notas con respecto a los siguientes versos.

Deuteronomio 6: 6-7 _____

I Timoteo 1: 5-7 _____

Isaías 54:13 _____

4. Es de vital importancia los niños aprenden que Dios los ama incondicionalmente. Y es crucial que los padres entiendan sus acciones, palabras y forma de la disciplina que están siendo observados con atención por los pequeños ojos y corazones. Cada día, las acciones de los padres proporcionar una percepción a sus hijos de que realmente es Dios. (Por ejemplo: La mayoría de la gente tiene que separar su percepción de un padre terrenal de su percepción de Dios Padre en algún momento después de su experiencia de salvación.)

Romanos 2: 21-22 _____

Deuteronomio 4: 9 _____

Efesios 4: 2-5 _____

Salmo 86:15 _____

Isaías 38:19 _____

Diagramas Familiares

Nota: El proposito y el plan de Dios Padre para la vida familiar, es un lugar seguro e inofensivo; emocional, fisico y espiritualmente para cada miembro de la familia. LaVida Familiar es un ambiente creado por Dios, donde Diseño y Destino pueden ser descubiertos, motivados, desarrollados y buscados con propósito. Mientras que el Matrimonio es un lugar donde la relación íntima es desarrollada entre un hombre y una mujer que se han escogido el uno para el otro para una vida en sociedad. La vida Familiar es un lugar donde los niños están para ser desarrollados y permitidos para crecer, motivados por los padres.

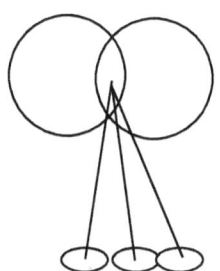

Familia Saludable
Papá y mamá han aprendido a operar juntos, y presentan juntos decisiones y opciones a los niños, como un equipo unido. Los niños son ministrados en términos iguales, sin favoritismos mostrados o expresados. **Foco: El plan de Abba para el bien común.**

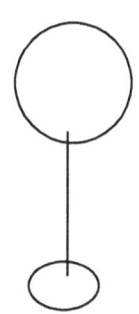

Relación Saludable de un Padre Solo
Cada padre ha aprendido a conectarse con la persona interna del niño, y puede comunicar desde un punto de vista relacional, metas futuras y disciplina. **Foco: El plan de Abba para el bien común.**

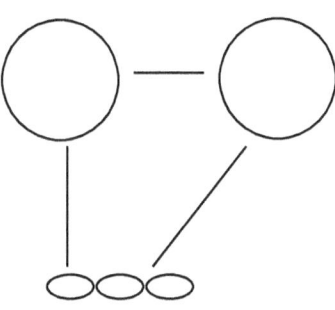

Relaciones no Saludables de un Padre
Padres están desconectados el uno del otro y de los niños. Comunicación toma lugar acerca de tareas y factores solamente. Niños reciben comunicación, pero no hay conexión. Resultado: niños reciben un sentido de abandono y aislamiento, y llegan a ser orientados para tareas, por aprobación. Hay poco o nada de afecto comunicado. **Foco: Derechos, necesidades y/o apetitos personales.**

© 2006

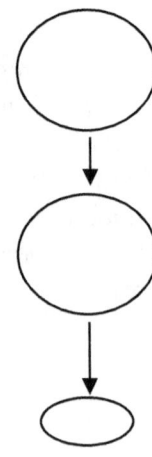

Modelo de Autoridad Dirigida (no saludable)
Un padre es visto como teniendo toda la autoridad, y se comunica con los niños a través de una cadena de comando, sin una relación personal con el niño. El niño es distanciado en la relación y no tiene oportunidad de apelar o cuestionar decisiones. Su voz e identidad son disminuidas en la familia, por todos los miembros excepto por el miembro de la familia de más autoridad.
También en este modelo, un padre debe explicar continuamente el otro padre al niño. El padre del rol que explica tiende a perder identidad personal y llega a ser co-dependiente, buscando mantener la paz en la casa a cualquier precio. Aceptación es orientada al desempeño. **Foco: Tener éxito en todos los frentes. Para llenar expectativas.**

El Modelo de Abuso

Los padres han experimentado fracaso relacional en sus propias habilidades para construir el matrimonio. Ellos están emocionalmente distanciados. Comunicación acerca de relación es hecha al niño, y el niño siente que debe escoger entre los padres.

El niño llega a ser el cuidador, y debe llenar las necesidades emocionales del padre; muchas veces esto involucra abuso verbal, emocional, físico o sexual (orden de progresión). El niño debe continuamente escoger entre los padres, y percibe que debe mantener a todo el mundo feliz. El desarrollo de la identidad es parada, y el niño debe escoger una personalidad de "poder" alterna para sobrevivir. Si una personalidad de "poder" no es encontrada, el niño llegará a ser depresivo y letárgico. Aprobación es basada en vergüenza.
Foco: Sobrevivir.

El Modelo de Isla

Los padres han experimentado fracaso relacional en sus propias habilidades de construir el matrimonio. Ellos están emocionalmente distanciados. No hay comunicación.

Cada uno en la familia vive en un ambiente separado. Cada uno se cuida a sí mismo, y ninguno está conectado emocionalmente. No hay cuidado en un nivel mutuo. No hay momentos de vínculos que puedan ser recordados en este modelo.
Foco: Sobrevivir.

© 2006 dcg/atg

Patrón de Dios para las Relaciones Humanas Familiares - Estudio Tres
¿Cómo los Niños Aprenden y se Comunican

1. El cerebro de un niño permanece en el modo de crecimiento y desarrollo desde antes del nacimiento hasta la edad de 25 años. A los 25 años, el cerebro deja de crecer. Esto lo vemos en nuestra creciente dificultad de aprender con la edad como adultos. En la primera infancia, el cerebro de un niño se está desarrollando más rápido de lo que será en cualquier otro momento de su / su vida. Por esta razón, un niño percibirá e intuitivamente recoger información de las señales no verbales. Estas señales no verbales son utilizados por el cerebro para desarrollar lo que se llama "concepto de sí mismo." Concepto de sí mismo nos dice si estamos o no significativa a los de nuestro entorno, cómo encajamos en ese medio, lo que tenemos que hacer para sobrevivir, etc.

2. Debido a que el cerebro y el cuerpo de un niño todavía se están desarrollando, es importante darse cuenta de que un niño no puede hacer las cosas "para adultos". Aquí hay algunas cosas que ayudarán a entender las capacidades de su hijo:

    a. Un niño no puede dar respuestas inmediatas. Se tarda casi 60 segundos para una niña de traducir una instrucción de los padres a la acción de respuesta. Para ser empujado crea estrés en el niño, infundiendo miedo.

    b. Un niño no puede prestar atención durante más de un minuto por cada año. Ejemplo: un año de edad, le puede dar 1 minuto. A cinco años de edad, le puede dar 5 minutos, etc. Exigir más que eso es físicamente posible para un cerebro en desarrollo y la psique.

    c. Un niño no puede verbalizar emociones profundas o describir el trauma sin creer que el trauma volverá si se reconoce o discutida.

    d. Un niño no puede separar su valor a partir de la aprobación o desaprobación de sus figuras de autoridad. Todo el rechazo y la falta de experiencias de vinculación se convierten en juicios sobre la personalidad propia del niño. Un niño no va a ganar la capacidad de comparar sus experiencias personales de anidación con los de un amigo o compañero, hasta que son 12-14 años de edad.

    e. Un niño no puede decir lo que necesitan. Además, la seguridad y el sentido de la confianza de un niño están directamente extraídos de las que tienen sus necesidades cubiertas. Solo una unión Traves y observación de un padre puede aprender a "leer" su propio hijo, reconocer qué grito es auténtico y cuál es egoísta, y así sucesivamente.

Cómo los Niños "Hablan" y Aprenden

1. Los niños comunican sus sentimientos a través del juego.
En el mundo de un niño ...   los juguetes = palabras   juegan = idioma
   Las emociones y pensamientos con respecto a la relación son retratados
      como un niño juega sin sugerencia o dirección.

2. Los niños aprenden a cómo procesar experiencias de la vida a través del juego.
   Las percepciones se cementa en el proceso de la psique a través de un juego de niños.
   Sin el don de juego, un niño no tiene la capacidad para expresar o trabajar a través de
sus experiencias.

3. Los niños no poseen etiquetas emocionales.

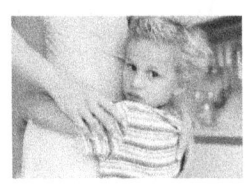

Los niños no pueden nombrar lo que sienten, sin ayuda. El proceso de etiquetado es parte del mundo de los adultos. palabras de edad adecuados ayuda a un niño para conectar las palabras con lo que están sintiendo. A veces, una simple tabla con diferentes iconos gestuales puede ser eficaz con niños muy pequeños.

4. Los niños no pueden pensar las cosas - que sólo saben lo que está pasando actualmente.
   Los niños viven en el "ahora". Los retrasos, a la espera, el abandono, la ira,
   y el abandono (así como los comportamientos que empujan al niño),
      crear estrés y robar el niño de la capacidad para planificar adecuadamente
      procesar o conectar con cómo está progresando la vida que les rodea.

5. Con el fin de realmente sentir un apego, los niños tienen que ser entendidos.
   Hacer preguntas abiertas ayuda a un niño a expresar lo que sienten.
      Permitiendo a verbalizar sus descubrimientos, les ayuda a sentir que son
   necesarios.

6. La capacidad de conectar con los demás se aprende a través de la secuencia de la progresión del estilo de juego.

    Los niños aprenden lecciones básicas de relación a través de jugar con los demás, ya sea compañeros, compañeros mayores o adultos. Aprobación y aceptación se almacenan en conciencia de sí mismo como un niño es alabado por su buen comportamiento, y es corregido por las palabras y las acciones desagradables.

7. Los niños no saben lo que deben hacer. Ellos seguirán impulsos hasta que se les enseña el comportamiento adecuado. Frases como: "Usted debe saber mejor!" rechazo y comunicar expectativas poco razonables cuando alguien está sin la formación adecuada.

8. La mayoría de los niños aprenden mejor durante la práctica, ilustrativa y parabólica lecciones. Ellos son experienciales en la naturaleza, en lugar de académico motivado.

9. El mito del "tiempo de calidad" en sustitución de "tiempo en cantidad" para la conexión y unión, es falsa. Los niños necesitan "en el grifo" atención en los años 0-10.

10. Necesidades de unión de los niños deben ser dirigidas intencionalmente por el padre/ adulto. Son incapaces y sin equipo de pedir lo que necesitan.

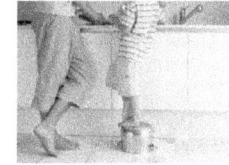

©ATG

El Desarrollo de la Integridad Emocional y la Madurez Espiritual

1. Ser notado
2. Ser elogiado

Ser "normal"

CI

3. Ser reconocido/observado
4. Ser incluído
5. Estar físicamente seguro
6. Ser afirmado /aceptado

"Importar"

~~~~~~

7. Ser tocado (seguro)
8. Ser oído (conectar)
9. Pertenecer a un grupo)
10. Ser recibido

Asiéndose a un lugar necesitado como parte de un grupo

CE

11. Ser confiable
12. Ser escogido
13. Ser entendido (conexión recíproca)
14. Ser integrado en un grupo

Sintiéndose en casa en cualquier parte

~~~~~~

15. Estar seguro
16. Ser preferido
17. Ser apasionadamente deseado

Consciente de seguridad interna aún en vulnerabilidad

Centro

© atg/dcg

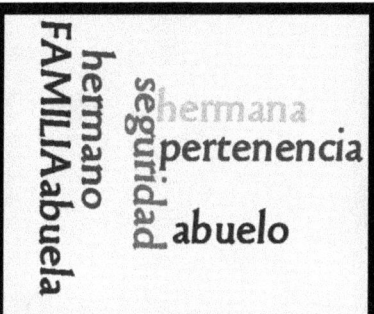

Deseos humanos de corazón para relaciones saludables

   1. Ser notado   I Samuel 16:7
   2. Ser elogiado   Efesios 4:32

   3. Ser visto   Génesis 16:6-13
   4. Ser incluído   Efesios 2:1-10
   5. Estar seguro   Salmos 62:8
   6. Ser afirmado   Salmos 116:1-9

~~~~~~

   7. Ser tocado (seguro)   Lucas 4:18/ Ps. 147:3
   8. Ser oído (conectar)   Isaías 1:18
   9. Permanecer (en un grupo)   Salmos 116:1-9
 10. Ser recibido   Salmos 34:15

 11. Ser confiable   Santiago 2:23/Ex 33:11
 12. Ser escogido   Jeremías 31:3
 13. Ser entendido (conexión recíproca)   Salmos 139
 14. Ser integrado   Efesios 1:6

~~~~~~

 15. Estar seguro   Salmos 103:8-12/Pr18:6-19
 16. Ser preferido   Juan 15:15
 17. Ser apasionadamente deseado   Efesios 1:3-5

© atg/dcg

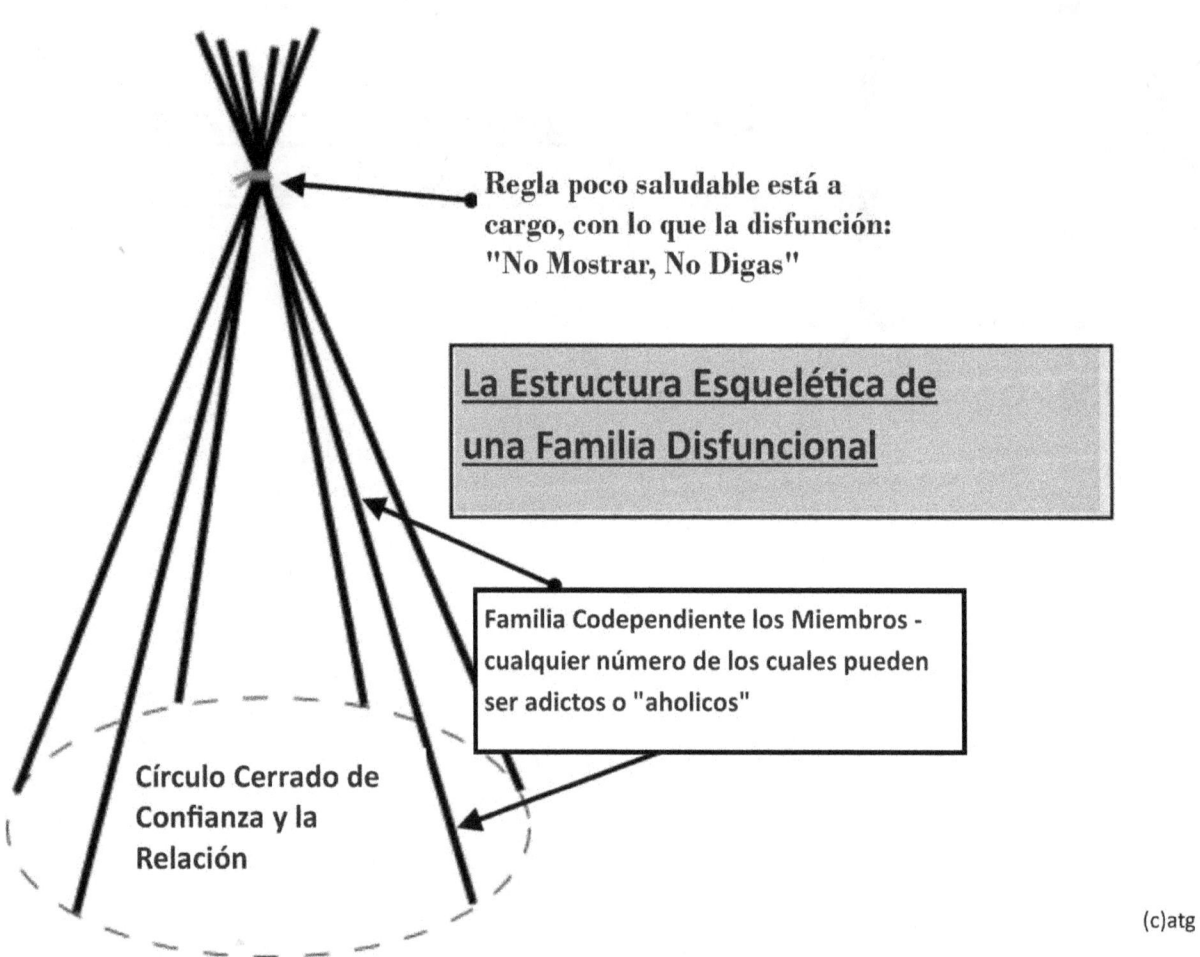

**Esta estructura familiar no es saludable porque
crea una comunidad cerrada, y destruye
auténtica confianza y relaciones saludables. Todos deben
engañar al mundo exterior con el fin de sobrevivir y seguir siendo aceptado.**

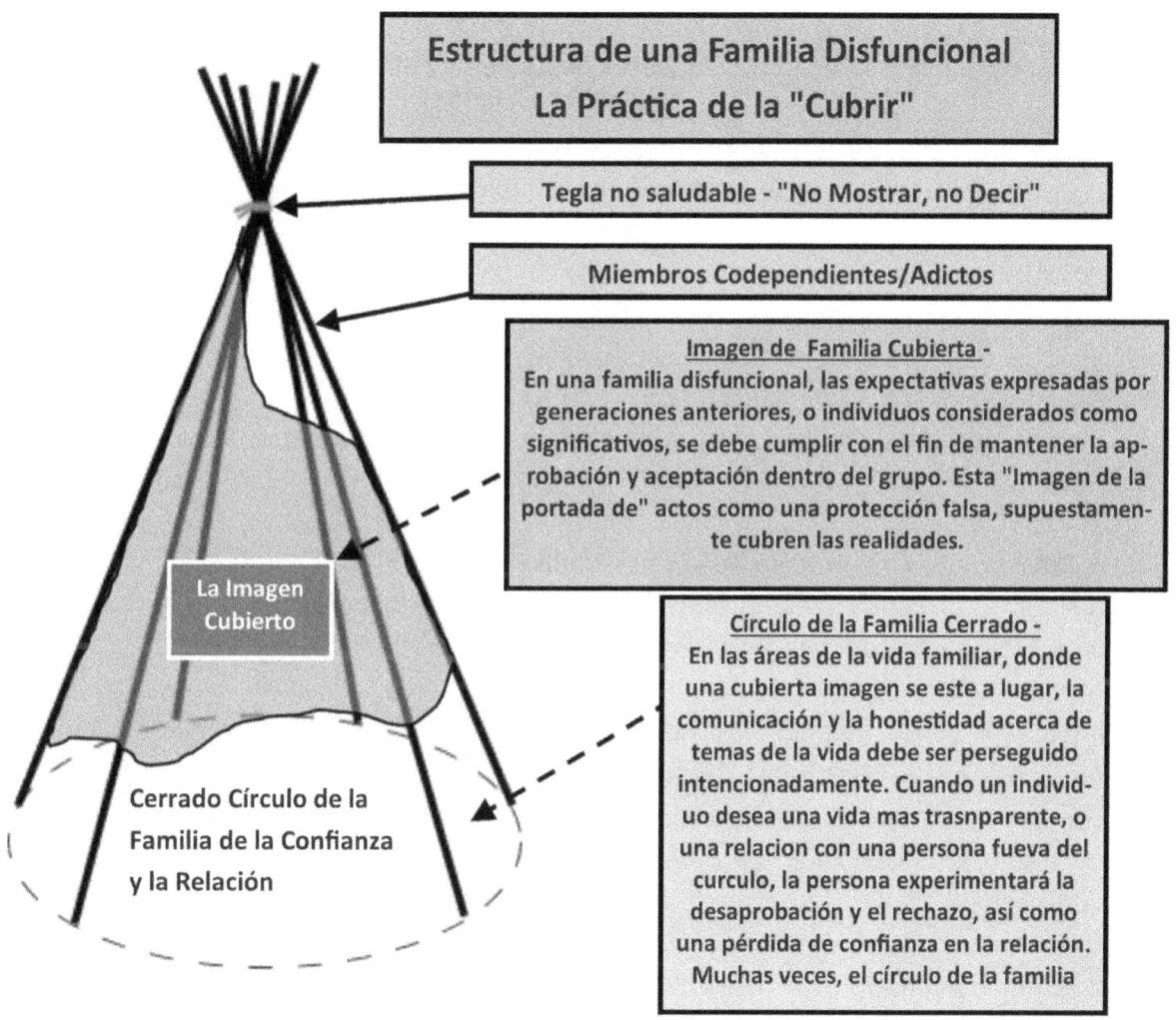

Esta estructura familiar no es saludable ya que no sólo crea una comunidad cerrada, pero toma la idea de las relaciones cerradas aún más en la destrucción. En esta estructura, los miembros se sienten atrapados. Muchos desarrollan adicciones, o se descarta la estructura por completo con el fin de sobrevivir.

Esta estructura funciona con ninguna confianza auténtica o capacidad de compartir honestamente acerca de los conflictos. También lleva una corriente subterránea de tensión y ansiedad (miedo de una o más respuestas de los miembros o arrebatos.

Patrón de Dios para las Relaciones Humanas Familiares - Estudio Cuarto

¿Cómo se imprimen los niños, aprender de conexión y el aumento de la inteligencia emocional

1. Cuando Dios sopló en Adán (masculina y femenina en un solo ser), que vasija de barro se convirtió en un ser viviente. (Ver Génesis 2: 7)

    a. Sobre el hombre. Cuando Adán (masculino y femenino) abrió los ojos por primera vez, fue impreso con una comprensión de lo que significa estar conectado con la fuente de la vida. Estaba solo con Dios, y con experiencia continua afirmación y aprobación.

    b. Sobre la mujer. Cuando Dios llamó a la mujer del marco del hombre, se formó a la mujer, y sopló en ella también. Cuando abrió los ojos por primera vez, ella estaba impresa con una comprensión de lo que significa estar conectado con la fuente de la vida, dentro de la comunidad. Ella nunca estaba solo, pero tenía continua afirmación, relación y aprobación.

    Para ver el punto de vista bíblico de esta cuenta, por favor, lea Génesis 2. Realice notas aquí.

    _____

    _____

2. Consideración de los momentos de impronta para el hombre y la mujer nos ayuda mucho. Estas descripciones nos proporcionan claves sencillas para la apertura de la comprensión de la experiencia de los diseños de Dios Padre en el desarrollo emocional. También se explican las diferencias emocionales entre los sexos, así como su plan y propósitos para los padres terrenales, ahora, después de la entrada del pecado.

    a. Sobre el hombre. Después de la entrada del pecado, se vuelve natural para el hombre para resistir la comunidad, se esfuerzan por la independencia, y tratar de estar solo (con o sin Dios.) Pero Dios dice que esto no es una buena cosa. El punto ciego de solo-dad para el macho demuestra el poder de la impronta emocional. Esa tendencia natural permanece y continúa, incluso después de una experiencia de salvación, y debe ser llevado a la cultura del Reino de Cristo. Tome nota de lo que los siguientes versículos nos enseñan.

Génesis 2:18 _____

Juan 14: 15-16 _____

Romanos 12:16 _____

Hebreos 10: 24-25 _____

a. **Sobre la mujer.** Después de la entrada del pecado se convierte en algo natural para la mujer que se aferran a la comunidad, al tratar de atraerla hacia la aceptación y la confianza de la aprobación y opiniones de los demás hacia ella (con o sin Dios.) El punto ciego de necesidad emocional para la mujer demuestra el poder de la impronta emocional. Esta tendencia natural también, demuestra el poder de la impronta emocional. La necesidad muy real y el anhelo de la comunidad se mantiene y continúa, incluso después de una experiencia de salvación, y deben ser llevados a la cultura del Reino de Cristo. Tome nota de lo que los siguientes versículos nos enseñan.

I Corintios 1:10 _____

Gálatas 1:10 _____

I Juan 3: 19-20 _____

Proverbios 29:25 _____

3. Dios Padre está profundamente preocupado por nuestras experiencias de impronta, en todos los ámbitos de la vida. Cuando el hombre y la mujer pecaron, su primera respuesta no fue un regaño o incluso una reprimenda, pero una pregunta. Su preocupación? Le pidió que les había dado la información que habían recibido. (Nota: Ya sabía la respuesta, pero en su misericordia, le preguntó con el fin de darles la oportunidad de confesarse y arrepentirse de sus acciones.)

Para ver la vista de la Escritura de este concepto, por favor, lea Génesis 3: 1-11. Tomar notas aquí.

_____

_____

4. De impresión de datos se produce a través del proceso de unión. La vinculación es el término relacional para el desarrollo de un vínculo emocional. Los estudios demuestran que nuestra capacidad de relacionarse bien en el mundo como adultos está directamente ligada a nuestra profundidad relacional unión, la unión, la impronta y el modelado en nuestros años "nido" de la familia de 0-12 años de edad. Aquí está una lista de las necesidades emocionales de cada ser humano, todos los cuales deben ser abordados y realizados por ambos padres durante esos años.

0-18 meses	Para ser elegidos / preferidos
	Para ser querido
	Para estar seguro (física y emocionalmente)
18 meses- 5 años	Se puede confiar (emocionalmente seguro)
	De entenderse (de corresponder conexión del corazón)
	Estar sin preocupación
5 años - 12 años	Para recibir contacto físico seguro
	De pertenecer (en un grupo/familia)
	Para ser escuchado (a ser escuchado completo)
	Para ser recibido

~~~~~~

12 años +	Para ser reconocidos
	Ser aceptado
	Para estar fuera de peligro / físicamente seguro
	Para ser tolerados
	Ser notificado
	Para ser complementado

When a bonding gap exists in years 0-12, we ignore it, unaware we are untooled to process the pain, Then, as we approach adulthood, a bonding gap becomes a love need. When a specific love need is not met, we then become numb, unfeeling, angry or depressed. None of these conditions is helpful in developing relationships or in bonding.

5. El problema de la entrada del pecado es que deja a cada persona en la tierra con una conciencia tácita de lo que necesitamos. Necesitamos el amor de Dios, y tenemos que reconocerlo, ceder a ella, recibirla y aplicarla. Sin embargo, nos están impresas con menos de padres perfectos, y tendemos a copiar que la impresión física en lugar del Ejemplo Eterna. Incluso después de la salvación, que tienden a transmitir nuestra impronta emocional, en lugar de hacer lo necesario crear deliberadamente un nuevo patrón de vida en nuestras familias "cosa discípulo;" uno que muestra el ejemplo (microcosmos) de la cultura del Reino de Cristo.

Anote aquí en la columna izquierda de las necesidades emocionales que no se cumplieron en sus "años de anidación" (0-12). A continuación, en la columna de la derecha, tratar de enumerar lo que ha hecho en su vida para compensar por no recibir lo que sea necesario. (Nota: usted está haciendo esto con el fin de convertirse en un mejor padre empujar a través del miedo o la ira, y tratar de hacerte hacer el ejercicio.)

Principio: No podemos dar lo que nunca hemos recibido.

En la página siguiente es una tabla, titulada "Necesidades de unión para un desarrollo saludable." Esta es una ampliación de los "Niveles de Relación" carta de la Parte 2 de este libro. En la cuarta columna, tenga en cuenta la habilidad Personas desarrollado por la recepción de las necesidades de unión en cada sección. Luego, a la luz de lo que ha escrito en esta página, busquen los pasajes en la quinta columna que se relacionan con su necesidad de relación y vinculación con una figura paterna. Esas Escrituras son lo que el Padre Dios le dice a una persona que siente que no viene al encuentro de esa necesidad particular en la vida. Si se siente alentado a medida que lee, trate de memorizar los versos que descubrir.

Necesidades de Vinculación para un Desarrollo Saludable

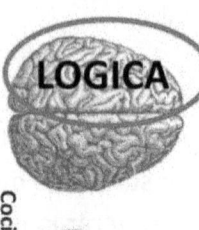

LOGICA

CI
Cociente de Inteligencia
TAREA/LÓGICA
imagen basada
"Capacidad para hacer frente a los hechos"

- Ser notificado
- Para ser complementado
- Ser reconocido
- Ser aceptado
- Estar fuera de peligro / seguro
- Debe ser tolerada

1. CLICHES

Para ser "normal"

I Samuel 16:7
Efesios 4:32
Génesis 16: 6-13
Efesios 2: 1-10
Salmo 62: 8
Salmo 116: 1-9

2. HECHOS

"Importar"

Muro de Autoprotección – Construido de El temor u orgullo   Ambos= CONTROL

RELACION

CE
Cociente Emocional
RELACIÓN
Sea-ción Basada
"Capacidad para hacer frente a Gente"

- Toque seguro/afecto
- Pertenecer (en un grupo)
- Para ser escuchado (conectar)
- Para ser recibido
- Fiar/Emocionalmente seguro
- Ser escogido
- Sera entendido (Conexión de corresponder)
- Ser querido

3. Hombres:
PRINCIPIOS/
VALORES

Hembras:
SENTIMIENTOS/
MORALIDAD

Para relacionar fácilmente
Para ser "necesaria en pertenencia"

Lucas 4:18
Salmo147: 3
Salmo 116:1-9
Isaías 1:18
Salmo 34:15

**4. ANHELOS/
NECESIDADES**

A "sentirse como en casa en cualquier lugar"

Santiago 2:23
Exodo 33:11
Jeremías 31:3
Salmo 139
Efesios 1: 6

Muro de "Elección del Siervo" – Egoísta Frente a Alteridad

Core

Persona Interior Profunda
Asiento del Razonamiento
y la Seguridad
"Niño interior"
Basada en Identidad

- Estar seguro/Ninguna preocupación
- Se prefiere
- Que desear apasionadamente
- (Elegido)

5. TEMORES

Para tener algo que ofrecer.
Poseer la dinamismo interior y la motivación

Salmo 103: 8-12
Salmo 18: 6-19
Juan 15:15
Efesios 1: 3-5

© dcg/atg

Patrón de Dios para las Relaciones Humanas Familiares - Estudio Cinco
Cómo Administrar Correctamente la Disciplina Física

1. De acuerdo con las Escrituras, hay una diferencia entre el castigo y la disciplina. Castigo, de por sí se encuentra solo, y muchas veces se presenta en un modo inesperado, y algunas veces no se entiende,.

   I Samuel 5 _____

   Génesis 18: 22-19: 29 _____

   El castigo es por lo general una ocurrencia repentina, debido a una flagrante indiferencia y falta de respeto de Dios. Muchas veces, en su misericordia, Dios se moverán de esta manera conseguir a alguien del (o de una nación) atención, es de esperar para romper el orgullo y agitar arrepentimiento.

   Disciplina, sin embargo, es un asunto diferente. Se nos enseña como padres para disciplinar a nuestros hijos en vez de castigarlos. Por cierto, si enseñamos y la disciplina adecuada, nunca habrá una necesidad de castigo.

   a. La raíz de la palabra "disciplina", es la palabra "discípulo". Cuando la disciplina, debemos enseñar a nuestros hijos a seguir, cómo escuchar y cómo obedecer, y por qué. La disciplina no es sólo una lista de reglas. Disciplinar significa enseñar un estilo de vida Unido. ¿Qué nos enseñan estos versículos acerca de este principio?

   Proverbios 29: 17-19 _____

b. La palabra "visión" en este pasaje significa "define la vía." Si se piensa en los padres como cuidadores de contorno en el borde de la carretera, se obtiene la imagen de lo que se enseña aquí. *"Donde no hay límites, que muestra dónde se dirige el camino (visión), las personas que no tienen ninguna razón para controlarse a sí mismos."* En contexto, los versos hablan de la instrucción y la corrección adecuada. En la crianza de los niños, es la tarea de los padres a mantener a la familia de apartarse del camino de la vida sana. Por favor, consultar los siguientes versos referentes a la disciplina y la corrección.

Proverbios 3:12 _____

II Corintios 4: 17-18 _____

Hebreos 12: 7 _____

2. Padre Dios siempre da instrucción en cuanto a lo que se espera en el comportamiento, dentro de la relación, y sin ira. Con la instrucción, Él explica lo que sucederá debido a la buena conducta (incentivos y compensaciones). También explica lo que va a ocurrir debido a un mal comportamiento (circunstancias rotos y la disciplina.) Por favor, busque los siguientes versículos para entender patrón de crianza de los hijos de nuestro Padre, y tomar notas de lo que aprende.

Deuteronomio 8 _____

Deuteronomio 28 _____

Proverbios 10:17 _____

3. Cuando los hijos de Dios se olvidó de su instrucción, y desobedecieron, Les recordó las consecuencias de sus acciones prometidas, advirtiendo a ellos y darles tiempo para optar por elegir obedecer.

Jeremías 7 _____

Nehemías 9 _____

4. Como padres cristianos, estamos llamados a seguir el ejemplo de Dios Padre.

  a. Que enseñamos, y explicar los beneficios y las razones por las que se da la regla.
  b. Explicamos lo que cambia la elección de la desobediencia hará en el hogar.
  c. Ofrecemos un incentivo (recompensa) por su buen comportamiento.
  e. Respondemos a las preguntas, sin intimidación, la dominación o la ira. Y, cuando la disciplina que se requiere es físico, hay algunas cosas que deben tenerse en cuenta.
  f. Nunca use su mano para disciplinar. Las manos son para ser utilizados por el afecto y bendición.
  g. Publicar un recordatorio de que el número de palmadas cada acción de desobediencia ganará. Cuando se olvidan de comportarse bien, preguntarles si están optando por la disciplina en lugar de bendición. Dar tiempo para una respuesta obediente.
  h. En caso de que el mal comportamiento continúe, no deje que se vaya. Asegúrese de seguir adelante con su palabra. Administrar palmadas con una paleta, o una cuchara de madera. (Disciplina nunca debe ser abusivo; sólo incómodo suficiente el niño no quiere ver que repite y nunca ha golpeado con fuerza suficiente como para herir o causar lesiones.) No disciplinar a un niño cuando se está enojado. Espere hasta que se pueda mantener la calma. Recuerde, el niño no se está portando mal para ser vengativa hacia usted. Nunca es personal, a menos que el niño es un sociópata. Y nunca golpear a un niño de forma inesperada. (Ellos no son adultos pequeños, lo que significa que no son capaces de "acaba de saber" que han "merecido" lo que venía.)

5. En la administración de la disciplina física, ayudar al niño a asumir la posición para recibir la disciplina. Instruirlos haberse detenido. Si es necesario, agregar un golpe violento por resistirse a la disciplina. Ayudar a contar el niño lo que han ganado como se administra la disciplina. Recordarles que está bajo la autoridad para ayudarles a elegir a obedecer, al igual que están bajo la autoridad de responder con buen comportamiento.

Tan pronto como el último golpe violento se cuenta, poner la pala hacia abajo. Pedir al niño que sentarse con usted en la mesa. Obtener él / ella algo de beber, y asegúrese de dar un abrazo. Asegure a su hijo de su amor. Oren juntos; ayudándole / ella para arrepentirse a Dios Padre por la desobediencia, se arrepienten al Espíritu Santo por no responder a su insistencia para elegir lo que hay que hacer, y se arrepienten de Jesús para el cierre de su / su corazón. Entonces usted ora por su hijo, pidiendo a Dios que bendiga y animar a ellos, ya que están aprendiendo a obedecer y tomar las decisiones correctas.

5. Nunca abrir el incidente como munición contra su hijo. Si los problemas se convierten en un patrón de comportamiento, considerar otra forma de disciplina - tal vez quitando un "artículo privilegio", o no permitir la interacción social con amigos para unos días podrían ayudar. Si estas cosas no funcionan, busque ayuda profesional. Pero nunca permita que se pierda los estribos o decir malas palabras, abusivas y la vergüenza que trata a su hijo.

   a. Como padres, estamos llamados a estar al tanto, y ver las acciones y actitudes de nuestros hijos, protegiéndolos; ayudarles a no ceder al mal comportamiento. Conferencias no suelen obtener resultados útiles. Hacer preguntas abiertas sin embargo, ayudar a un niño a descubrir sus errores y aprender de ellos, tomar mejores decisiones la próxima vez.

   b. Como padres, es necesario que nos mantenemos fieles a nuestras promesas.

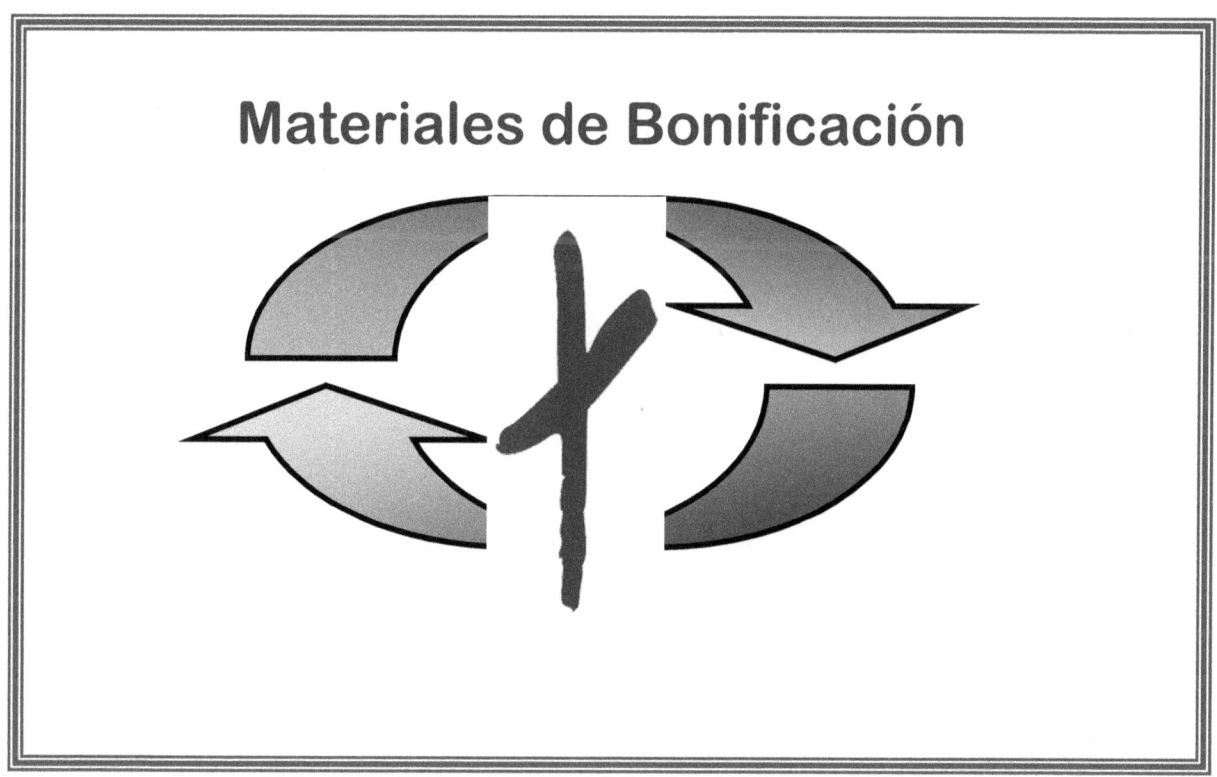

Niveles de Desarrollo Emocional

(Con base en la jerarquía de las necesidades para la supervivencia de Maslow)

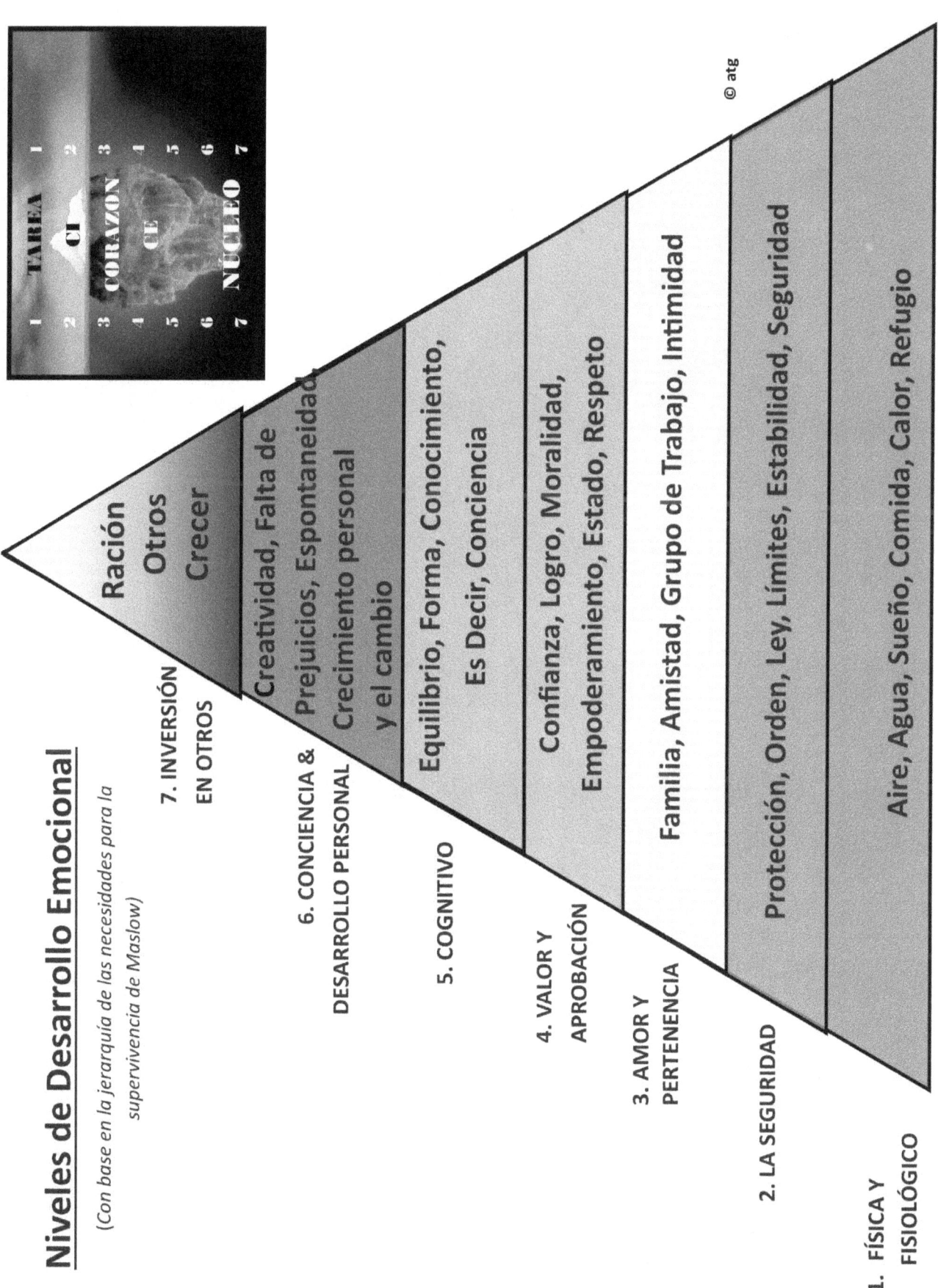

7. INVERSIÓN EN OTROS — Ración, Otros, Crecer

6. CONCIENCIA & DESARROLLO PERSONAL — Creatividad, Falta de Prejuicios, Espontaneidad, Crecimiento personal y el cambio

5. COGNITIVO — Equilibrio, Forma, Conocimiento, Es Decir, Conciencia

4. VALOR Y APROBACIÓN — Confianza, Logro, Moralidad, Empoderamiento, Estado, Respeto

3. AMOR Y PERTENENCIA — Familia, Amistad, Grupo de Trabajo, Intimidad

2. LA SEGURIDAD — Protección, Orden, Ley, Límites, Estabilidad, Seguridad

1. FÍSICA Y FISIOLÓGICO — Aire, Agua, Sueño, Comida, Calor, Refugio

© atg

Elementos de Crecimiento Hacia la Masculinidad (Inteligencia Emocional)

"Para que ya no seamos niños, sacudidos de aquí para allá por las olas y zarandeados por cualquier viento de doctrina, por la astucia humana, por la astucia en los esquemas de engañoso. Más bien, hablando la verdad en amor, hemos crecer en todo en aquel que es la cabeza athe, en Cristo..." Efesios 4:14-15

Características de un Bebé

1. Perturba todo en su proximidad y el medio ambiente cuando estan incómodos o infeliz.

2. Sin darse cuenta de los demás. Sólo al tanto de los apetitos inmediatos.

3. Existe en estado estático. no tiene iniciativa en la vida. No se puede conectar a menos que se satisfagan las necesidades.

4. Piensa en términos concretos. Muy poca o ninguna vida interior.

5. No se puede comunicar con claridad; se molesta, recurre a la ira.

6. Espera que otros se hagan cargo de él. No contribuyente; Sólo tomador

(Continúa)

Características de un Niño

1. Responde a desagradables situaciones, tratando de evitar el conflicto. Culpar y son defensivos.

2. Acepta otras etiquetas de sí mismo como la verdad, y se adapta. Formado por el medio ambiente.

3. Debe tener emociones la ayuda de ética correctas. Vulnerable.

4. Poca capacidad de concentración. Distraído facilmente. Sin capacidad de seguir adelante con la vida interior a largo plazo

5. Se comunica a través del tacto. Se puede conectar cuando las cosas van a su manera.

6. Ayudará cuando siente orgullos, o que está en su mejor interés para hacerlo.

(Continúa)

Características de un Adolescente

1. Responde a situaciones desagradables por tratar de definir "bien y el mal", o lo que es correcto.

2. Aprende a separar las opiniones de otros de la verdad. La elección Peer impulsado

3. Lucha con la racionalización con tad de normalizar los comportamientos.

4. Descubre propios intereses, aficiones, etc. esporádica seguimiento.

5. Se comunica a través de la discusión de si mismo, un interés limitado en las actividades de otros. Le gusta estar solo.

6. Pretende ayudar a los demás de forma esporádica, aprender a empatizar.

(Continúa)

Características de un Hombre

1. Escoge para responder a las situaciones desagradables sobre la base de una conciencia basada en principios.

2. Puede discernir entre basada en auto apetitos y comportamientos considerados. De buenos modales.

3. Puede elegir comportamientos correctos sin dificultad. Perspicaz.

4. búsqueda intencional de conjuntos de habilidades en áreas donde esta mal equipado. Honesto con uno mismo.

5. ¿Puede verbalizar las emociones y los pensamientos. Escucha bien para entender.

6. intencionalmente busca un modo de pensar como líder servidor. Consistente tiene una parte igual de la responsabilidad.

(Continúa)

© atg/dcg

Elementos de Crecimiento Hacia la Masculinidad (Inteligencia Emocional)

"Para que ya no seamos niños, sacudidos de aquí para allá por las olas y zarandeados por cualquier viento de doctrina, por la astucia humana, por la astucia en los esquemas de engañoso. Más bien, hablando la verdad en amor, hemos crecer en todo en aquel que es la cabeza athe, en Cristo..." Efesios 4:14-15

Características de un Bebé

7. Los fideicomisos por completo, no tiene límites. Dependiente. Temeroso.

8. La identidad y el auto-concepto se han extraído de entorno y atmósfera de ambiente de vida.

9. Recibe crianza que implica la prestación de cuidados y protección.

10. Requiere atención las 24 horas y la crianza.

11. Necesidades de gratificación inmediata.

12. Miedo de conflicto. Incapaz de soportar el peso de la responsabilidad.

Características de un Niño

7. Fideicomisos por completo, el aprendizaje limites. Busca la independencia.

8. La identidad y la auto-concepto se han extraído de las respuestas y actitudes de los padres y cuidadores.

9. recibe la crianza que implica la prestación de cuidados, la protección, la disciplina y la instrucción. Hace preguntas.

10. Necesidades de crianza y aprobación. El desarrollo de la conciencia. se produce fácilmente. "Cemento húmedo."

11. esperará con impaciencia.

12. trata de absorber conflicto. Necesita un final feliz. Resiste disculparse. Culpa antes de tomar la responsabilidad.

Características de un Adolescente

7. Pregunta todo. Aprende lo que significan los límites de seguridad. El desarrollo de la capacidad para mantener la confianza en las relaciones.

8. Identidad y concepto de sí mismo se han extraído de las opiniones y la aceptación de sus compañeros. Quiere pertenecer. Inseguro.

9. Recibe la paternidad implica instrucción, disposición, y la disciplina mínima, equilibrado, con lo que permite al niño a cometer errores. Entrenar gradualmente reemplaza la paternidad. Responde a las preguntas.

10. Necesidades de aceptación y oportunidades para aprender, en su defecto, si es necesario. El desarrollo de la visión del mundo.

11. ¿Puede decir a uno mismo "no" para su beneficio personal.

12. Aprender a aceptar la responsabilidad en el conflicto. Dispuesto a pedir disculpas si no es igual respuesta. Aprender a llevar responsabilidades de adultos.

Características de un Hombre

7. ¿Ha aprendido a percibir a las personas seguras e inseguras. Tiene amigos cercanos y mantiene relaciones.

8. Acepta mismo y reconoce debilidades personales sin excusa. Conoce su identidad y se encuentra seguro en las relaciones.

9. Recibe crianza implica dejar ir/condejo o mentoela se produce cuando se solicita. Participa mentores fuera del círculo familiar.

10. Necesidades afirmación del círculo interno. Ve a sí mismo como parte operante de un todo mayor.

11. ¿Se puede sacrificar cuando sea necesario para el bien común.

12. ¿Se disculpa y hace restitución cuando hace mal a otros. Realiza responsabilidades de adultos sin queja. Enseña y otras influencias de crecer.

© atg/dcg

Elementos de Crecimiento Convertirse en una Mujer (Inteligencia Emocional)

"Para que ya no seamos niños, sacudidos de aquí para allá por las olas y zarandeados por cualquier viento de doctrina, por la astucia humana, por la astucia en los esquemas de engañoso. Más bien, hablando la verdad en amor, hemos crecer en todo en aquel que es la cabeza athe, en Cristo..." Efesios 4:14-15

Características de un Bebé

1. Perturba todo en su proximidad y el medio ambiente cuando están incómodos o infeliz.

2. Sin darse cuenta de los demás. Sólo al tanto de los apetitos inmediatos.

3. Existe en estado estático. no tiene iniciativa en la vida. No se puede conectar a menos que se satisfagan las necesidades.

4. Piensa en términos concretos. Muy poca o ninguna vida interior.

5. No se puede comunicar con claridad; se molesta, recurre a la ira.

6. Espera que otros se hagan cargo de ella. No contribuye; Sólo toma

(Continúa)

Características de una muchacha

1. Responde a desagradables situaciones, tratando de evitar el conflicto. Culpa es defensiva.

2. Acepta otras etiquetas de sí misma como la verdad, y se adapta. Formado por el medio ambiente.

3. Debe tener emociones ayuda de etiquetado y la ética correctas. Vulnerable.

4. Poca capacidad de concentración. Distraído fácilmente. Sin capacidad de seguir adelante con la vida interior a largo plazo.

5. Se comunica a través del tacto. Se puede conectar cuando las cosas van a su manera.

6. Le ayudará cuando se sienta orgullosa, o que está en su mejor interés para hacerlo.

(Continúa)

Características de un Adolescente

1. Responde a situaciones desagradables por tratar de definir "bien y el mal", o lo que es correcto.

2. Aprende a separar las opiniones de otros de la verdad. La elección Presisa impulsiva

3. Lucha con la racionalización de normalizar los comportamientos.

4. Descubre propios intereses, aficiones, etc. esporádica seguimiento.

5. Se comunica a través de la discusión de sí mismo. un interés limitado en las actividades de otros. Le gusta estar solo.

6. Pretende ayudar a los demás de forma esporádica, aprender a empatizar.

(Continúa)

Características de una Mujer

1. Elige para responder a las situaciones desagradables sobre la base de una conciencia basada en principios.

2. ¿Se puede discernir entre auto apetitos y comportamientos considerados. De buenos modales.

3. ¿Se puede elegir comportamientos correctos sin dificultad. Perspicaz.

4. Búsqueda intencional de conjuntos de habilidades en áreas donde ésta mal equipado. Honesto con uno mismo.

5. ¿Puede verbalizar las emociones y los pensamientos. Escucha bien para entender.

6. Intencionalmente busca un modo de pensar como líder servidor. Consistente tiene una parte igual de la responsabilidad.

(Continúa)

© atg/

Elementos de Crecimiento Convertirse en una Mujer (Inteligencia Emocional)

Para que ya no seamos niños, sacudidos de aquí para allá por las olas y zarandeados por cualquier viento de doctrina, por la astucia humana, por la astucia en los esquemas de engañoso. Más bien, hablando la verdad en amor, hemos crecer en todo en aquel que es la cabeza athe, en Cristo..." Efesios 4:14-15

Características de un Bebé

7. Los fideicomisos por completo, no tiene límites. Dependiente. Temeroso.

8. La identidad y el auto-concepto se han extraído de entorno y atmósfera de ambiente de vida.

9. Recibe crianza que implica la prestación de cuidados y protección.

10. Requiere atención las 24 horas y la crianza.

11. Necesidades de gratificación inmediata.

12. Miedo de conflicto. Incapaz de soportar el peso de la responsabilidad.

Características de una muchacha

7. Fideicomisos por completo, el aprendizaje límites. Busca la independencia.

8. La identidad y la auto-concepto se han extraído de las respuestas y actitudes de los padres y cuidadores.

9. recibe la crianza que implica la prestación de cuidados, la protección, la disciplina y la instrucción.

10. Necesidades de crianza y aprobación. El desarrollo de la conciencia. i se produce más cas fácilmente. "Cemento húmedo."

11. Esperará con impaciencia.

12. Trata de absorber conflicto. Necesita un final feliz. Resiste disculparse. Culpa antes de tomar la responsabilidad.

Características de un adolescente

7. Pregunta todo. Aprende lo que significan los límites de seguridad. El desarrollo de la capacidad para mantener la confianza en las relaciones.

8. Identidad y concepto de sí mismo se han extraído de las opiniones y la aceptación de sus compañeros. Quiere pertenecer. Inseguro.

9. Recibe la paternidad implica instrucción, disposición, y la disciplina mínima, equilibrado, con lo que permite al niño a cometer errores. Entrenar gradualmente reemplaza la paternidad. Responde a las preguntas.

10. Necesidades de aceptación y oportunidades para aprender, en su defecto, si es necesario. El desarrollo de la visión del mundo.

11. ¿Puede decir a uno mismo "no" para su beneficio personal.

12. Aprender a aceptar la responsabilidad en el conflicto. Dispuesto a pedir disculpas si no es igual respuesta. Aprender a llevar responsabilidades de adultos.

Características de una mujer

7. ¿Ha aprendido a percibir a las personas seguras e inseguras. Tiene amigos cercanos y mantiene relaciones.

8. Acepta así mismo y reconoce debilidades personales sin excusa. Conoce su identidad y se encuentra seguro en las relaciones.

9. Recibe crianza implica dejar ir; consejo o mentoría se produce cuando se solicita. Participa mentores fuera del círculo familiar.

10. Necesidades afirmación del círculo interno. Ve a sí mismo como parte operante de un todo mayor.

11. ¿Se puede sacrificar cuando sea necesario para el bien común.

12. ¿Se disculpar y hace restitución cuando hacer mal a otros. Realiza responsabilidades de adultos sin queja. Enseña y otras influencias de crecer.

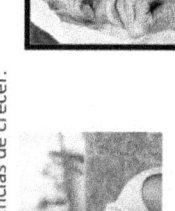

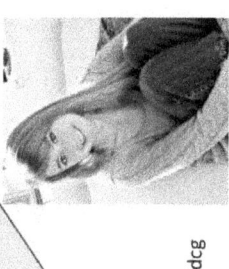

© atg/dcg

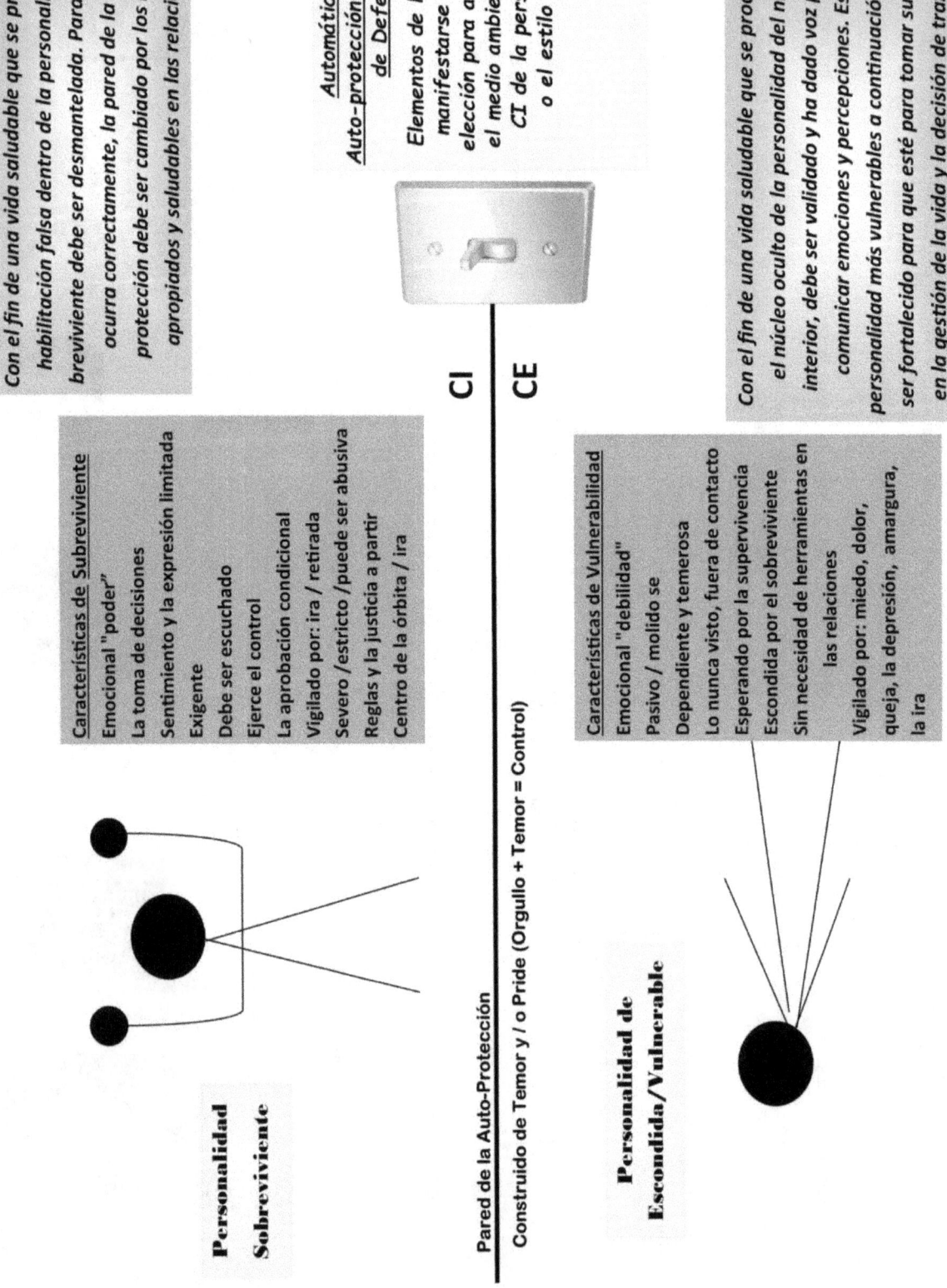

¿Cómo aprendemos a Nutrir la Vergüenza?

Modelos de Autoridad

1. Los Padres no están preparados

Acciones
1. No sabe como la infancia debe ser.
2. Basado en la imagen preocupada por lo que la gente piensa.
3. Espera que el niño sea un adulto pequeño
4. Expectativas poco razonables; perfeccionismo
5. Espera que el niño sepa.
6. "Usted debe saber mejor"
7. "¿Qué te pasa?"
8. "¿Dónde aprendiste a actuar de esa manera?"

Mensaje que el niño recibe
1. No puedo dar la medida.
2. Tengo que resolver las cosas solo.
3. Nunca seré lo suficientemente bueno
4. Hay algo mal en mi que no puedo solucionar.

2. Los padres no disponibles

Acciones
1. Emocionalmente distante, sin conexión con el corazón
2. Pre-ocupados con el trabajo, las actividades, la adicción
3. Niño se introduce en la órbita alrededor de los padres
4. ¿Demasiado ocupado para jugar; desinteresada
5. No asistir a los eventos del niño
6. Ninguna celebración por el esfuerzo del niño.
7. El trabajo orientado al logro / rendimiento
8. No hay tiempo.

Mensaje que el niño recibe
1. Mis necesidades no importan
2. Otros son más importantes que yo
3. Yo no soy lo suficientemente importante.
4. No hay nadie para mi
5. Estoy en el camino
6. Tengo menos valor que otros

3. Los padres desagradables

Acciones
1. Abuso - a sabiendas o sin saberlo,
2. Sin toque — verbal, emocional, financier, intimidación, aislamiento, control
3. Con toque - física, sexualmente

Mensaje que el niño recibe
1. Yo no debería estar aquí
2. Yo no pertenezco - Estoy fuera
3. No soy querido
4. No valgo —no tengo ningún valor
5. Hay algo mal en mi que no puedo solucionar.

Los mensajes de "vergüenza tóxica" o "falsa culpa"

"Hay algo mal en mi que me hace de menos valor que otros."

Modelos y Impresos para la vida adulta

"Yo soy el que me ha perjudicado más, porque estoy ligado a mi dolor. Mi enfoque se convierte en mi bloqueo al crecimiento."

0-5 años

<u>Pensamiento Mágico</u> = "Yo causo los acontecimientos de mi mundo, felices para siempre, todo el mundo necesita ser feliz"

<u>Concepto de sí mismo</u> = La forma en que encajan en el mundo (aprendido en la niñez tempranas), a partir de pistas y señales recibidas por las personas en la relación. Lo que funciona para mi supervivencia

Consejos para la Crianza de los Hijos con Exito

1. Los niños reciben más de lo que ven que haces, lo que lo hacen de lo que oyen decir. Sea un modelo consistente y positiva para ellos seguir.

2. Elija sus batallas y, a continuación, estar dispuestos a mantener a las elecciones que han hecho sobre estas cuestiones. on't tratar de reforzar demasiado, y no hay que confundir a su hijo cambiando el tema que se está trabajando con ellos a medio camino Cuando haces un cambio de vida descubrimiento, que afectará a cómo hacer frente a su hijo (un cambio en su sistema de valores personales), comunicar los "porqués" de su hijo, de manera que no cause confusión en sus mentes.   valor sólido # 1 = Seguridad Física
   valor sólido # 2 = valores morales y espirituales

3. No tomar todo demasiado en serio. Permita que su hijo sea un niño. No reaccione - mantenerse ecuánime.

4. Perder el sarcasmo. Si usted quiere que su hijo a respetar el valor de la vida de los demás, debe mostrar respeto a su hijo también. Asumir la forma de pensar, "Mi autoridad que me da la asignación de ser educado y cuidado con usted. Elijo ser suave. "Entonces, comunicarse en ese lugar.

5. La forma que elija para comunicar su autorización para que su hijo es más importante que lo que se comunica. Creo - me comunico con mi autoridad intimidación y amenazas, (incluso las más silenciosas), o puedo mostrar que valoro relación?

6. Haga más preguntas. Emitir menos pedidos. Negociación funciona.

7. Haga de su hogar el cubo de amigos que se reúnen. Sé el hogar seguro y divertido donde los niños como para venir en su vecindario.

8. Tomar la decisión de entrar en el mundo de su hijo. Sentarse con ellos, en el entorno de su elección, y hacer algo que les gusta. Si se trata de un nuevo concepto, que sea un punto para decir solamente fomentar y reforzar las cosas. Comunicar sin desaprobación.

9. No espere que el mundo de su hijo a girar alrededor suyo - que puedan descubrir y disfrutar de nuevas experiencias.

10. Más de comunicación se lleva a cabo en torno a una mesa de comida de la familia lo que se cree. Que sea una prioridad para comer como una familia, en la mesa. Trate de permitir que una "mesa", así, al menos una vez a la semana, para los amigos de su hijo a participar en la experiencia. En la comida, aligerar - contar chistes, historias tontas, y compartir experiencias del día uno con el otro. Ninguna empresa seria charla o durante las comidas - que sea una regla. Y servir el postre.

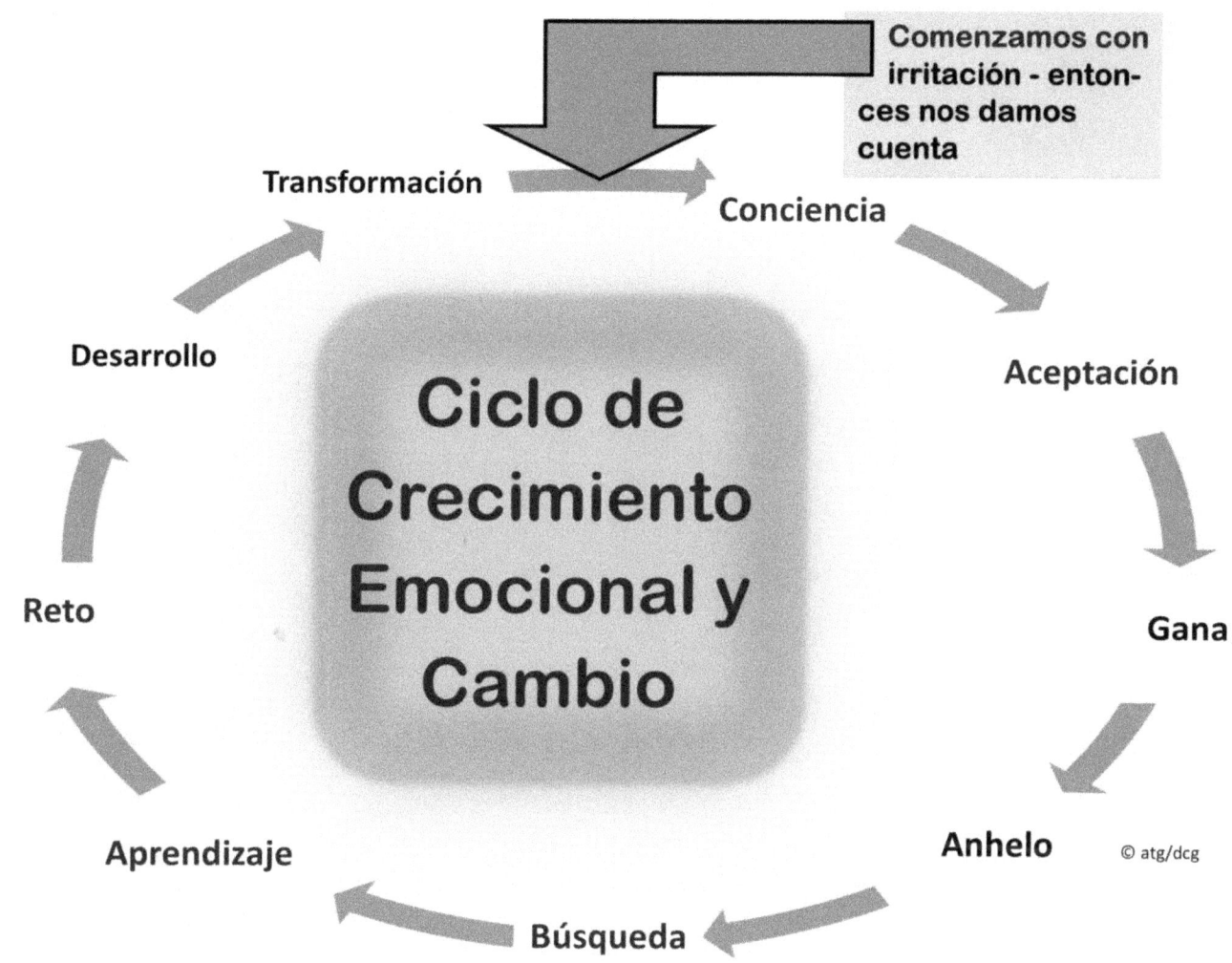

El Espíritu Santo está trabajando continuamente en la sanidad y la restauración de nuestra alma (mente, voluntad y emociones). Un discípulo puede estar en cualquier o todas las etapas de Crecimiento y Cambio, dependiendo de cuánto del corazón está abierto y dispuesto para ser moldeado por Su mano.

www.ingramcontent.com/pod-product-compliance
Lightning Source LLC
Chambersburg PA
CBHW081129170426
43197CB00017B/2805